Alois Bischof

Grundbegriffe und Hauptlehren der Nationalökonomie,

besonders für landwirtschaftliche und montanistische Gewerbe- und Handelsschulen

Alois Bischof

Grundbegriffe und Hauptlehren der Nationalökonomie,
besonders für landwirtschaftliche und montanistische Gewerbe- und Handelsschulen

ISBN/EAN: 9783743631144

Hergestellt in Europa, USA, Kanada, Australien, Japan

Cover: Foto ©Paul-Georg Meister /pixelio.de

Weitere Bücher finden Sie auf **www.hansebooks.com**

Die

Grundbegriffe und Hauptlehren

der

Nationalökonomie,

besonders

für landwirthschaftliche und montanistische Gewerbe- und Handelsschulen, sowie für den Selbstunterricht hergestellt

von

Alois Bischof,

em. Professor.

Pest, 1871.

Verlag von Gustav Heckenast.

Pest 1871. Gedruckt bei Gustav Heckenast.

Vorwort.

Die nationalökonomische Literatur der Deutschen hat Werke aufzuweisen, welche an Classicität hinter den Hauptschriften irgend welchen anderen Wissenszweiges nicht zurückstehen. Was mir aber in allseitig genügender und zweckentsprechender Weise noch nicht vorhanden zu sein scheint, besteht in einer leichtfaßlichen und übersichtlich gedrängten Darstellung der nationalökonomischen Grundbegriffe und Hauptlehren. Ich vermisse ein Büchlein, welches geeignet wäre, in populärer Auseinanderlegung mit den wichtigsten volkswirthschaftlichen Gesetzen bekannt zu machen, als Unterrichtsmittel namentlich für landwirthschaftliche und montanistische Gewerbe- und Handelsschulen zu dienen und in den weitesten Kreisen des nicht specifisch fachmännisch gebildeten Publikums für die Zwecke des Selbstunterrichtes sich einzubürgern.

Von solchem Standpunkte der Betrachtung aus habe ich mich entschlossen, unter Benützung der vorhandenen streng wissenschaftlichen Literatur ein derartiges Büchlein zu construiren und in nachfolgenden Blättern zu publiciren.

Meine Schrift, welche eine Art von Institutionen bildet, dürfte übrigens nicht nur für den Gebrauch der Laien und zur Benützung an den oben erwähnten Lehranstalten sich empfehlen, sondern auch für die Studirenden der Rechts- und Staatswissenschaften an den Universitäten als Repetitionsmittel — namentlich zum Zwecke der Vorbereitung auf die entsprechenden Prüfungen — eine vielseitig vermißte und allseitig willkommene Erscheinung bilden.

Im September 1870.

Der Verfasser.

Inhalts-Uebersicht.

                                                            Seite

Einleitung 1
   §. 1. Bedürfniß 1
   §. 2. Gut 1
   §. 3. Eintheilung der Güter 1
   §. 4. Werth 2
   §. 5. Vermögen 2
   §. 6. Wohlstand und Reichthum 3
   §. 7. Wirthschaft 3
   §. 8. Die Nationalökonomie als Wirthschaftslehre . 3
   §. 9. Quellen und Methode der Nationalökonomie . 4
   §. 10. System 4
   §. 11. Geschichte und Literatur der Nationalökonomie . 5

Erstes Buch.
Die Lehre von der Produktion.

Erstes Kapitel. Ursachen und Arten der Werthentstehung im Allgemeinen, sowie Begriff, Nothwendigkeit und Umfang der Produktion im Besonderen . 7
   §. 12. 1. Ursachen und Arten der Werthentstehung im Allgemeinen . . 7
   §. 13. 2. Begriff, Nothwendigkeit und Umfang der Produktion im Besonderen 7

Zweites Kapitel. Die Voraussetzungen der Produktion 8
   §. 14. 1. Die Voraussetzungen der Produktion im Allgemeinen . . . 8
   §. 15. 2. Die natürlichen Voraussetzungen der Produktion 8
   §. 16. 3. Die socialen Voraussetzungen der Produktion 9

Drittes Kapitel. Der Proceß der Produktion oder die Arbeit, im Besonderen die Arbeitskraft, die Produktivität der Arbeit und die Elemente, durch welche die Produktivität der Arbeit bedingt wird: Arbeitsgliederung, Capital und unternehmungsweiser Betrieb 11
   §. 17. 1. Die Arbeitskraft 11

§. 18. 2. Die Produktivität der Arbeit 11
§. 19. 3. Die Gliederung der Arbeit, Arbeitstheilung und Arbeitsvereinigung 12
§. 20. 4. Das Capital 13
§. 21. 5. Der unternehmungsweise Betrieb und dessen Hauptmittel — die Maschinen 14

Zweites Buch.
Lehre vom Güterumlauf.

Erstes Kapitel. Das Wesen und die Form des Güterumlaufs im Allgemeinen, sowie das Verhältniß desselben zur Produktion 17
§. 22. 1. Das Wesen des Güterumlaufs 17
§. 23. 2. Die Form des Güterumlaufs 17
§. 24. 3. Das Verhältniß des Güterumlaufs zur Produktion . . . 18
Zweites Kapitel. Die Hindernisse und die Förderungsmittel des Güterumlaufs 18
§. 25. 1. Die Hindernisse und die Förderungsmittel des Güterumlaufs im Allgemeinen 18
§. 26. 2. Im Besonderen die Ausbildung der Kunst der Waarenconservirung und des Transportwesens; die Vervollkommnung des Zusammentreffens der sich gegenseitig ergänzenden Tauschbedürfnisse und Ordnung von Maß und Gewicht 18
§. 27. — §. 29. 3. Im Besonderen die Entwicklung des Geldwesens 20
§. 27. a) Geld und Geldgüter im Allgemeinen 20
§. 28. b) Münzwesen und Währungswesen 20
§. 29. c) Geldwerth 21
§. 30. — §. 38. 4. Im Besonderen die Entwicklung des Creditwesens . 22
§. 30. a) Begriff, wirthschaftliche Bedeutung und Gefahren des Credites 22
§. 31. b) Eintheilung des Credites 23
§. 32. c) Erscheinungsformen des Credites im Allgemeinen . . 23
§. 33. d) Die Arten des Gesellschaftscredites im Besonderen . 24
§. 34. e) Die Arten des Bankcredites im Besonderen 26
§. 34. Uebersicht über die verschiedenen Arten des Bankcredites 26
§. 35. α) Das Girobankgeschäft, sowie das Depositen-, Checks- und Clearinggeschäft 26
§. 36. β) Wechselbanken 28
§. 37. γ) Leihbanken 29

	Seite
§. 38. 8) Zettelbanken	29
§. 39. Der Markt für den Handel mit Creditpapieren oder die Börse, Anhang zu §§. 32—38	31
Drittes Kapitel. Das Tauschverhältniß im Güterumlauf	33
§. 40. 1. Die Bestimmungsgründe des Tauschverhältnisses im Güterumlaufe im Allgemeinen, Marktpreis und nothwendiger Preis	33
§. 41. 2. Preistheorien	35
§. 42 3. Preiswechsel	36

Drittes Buch.
Lehre von der Vertheilung der Güter.

Erstes Kapitel. Das Einkommen im Allgemeinen	38
§. 43. 1. Begriff des Einkommens, besonders im Unterschiede von Einnahme und Ertrag	38
§. 44. 2. Die einzelnen Beträge in jedem Einkommen	38
§. 45. 3. Die Zweige des Einkommens	39
Zweites Kapital. Grundrente	39
§. 46. 1. Begriff und Entstehung der Grundrente	38
§. 47. 2. Die Höhe der Grundrente	40
§. 48. 3. Gemeinnützige Bedeutung der Grundrente	40
Drittes Kapitel. Capitalzins	41
§. 49. 1. Begriff des Capitalzinses	41
§. 50. 2. Der laufende Marktpreis der überlassenen Capitalnutzung	41
§. 51. 3. Die Richtpunkte des Zinses auf die Dauer und die Minimal- und Maximalgrenze desselben	42
§. 52. 4. Gesetz der Zinsfußausgleichung für die verschiedenen Produktionszweige verschiedener Orte und Länder	42
§. 53. 5. Begriff, Geschichte und Critik der Wuchergesetzgebung	43
§. 54. 6. Einfluß des reinen Zinsfußes und des Risicos auf den Cours verzinslicher Forderungen, im Besonderen auf den Wechselcours	43
Viertes Kapitel. Arbeitslohn	45
§. 55. 1. Begriff und Elemente des Arbeitslohnes im Allgemeinen und des Unternehmergewinnes im Besonderen	45
§. 56. 2. Minimalsatz des Lohnes, Lohnschwankungen, jederzeitiger Lohn und Lohnausgleichung	46
§. 57. 3. Lohncoalitionen und Lohntaxen	47

	Seite
Fünftes Kapitel. Der Einfluß der Einkommenszweige auf die Waarenpreise, die Harmonie der Einkommenszweige, die Vertheilung des Nationaleinkommens	48
§. 58. 1. Der Einfluß des Nationaleinkommens auf die Waarenpreise	48
§. 59. 2. Die Harmonie der Einkommenszweige	49
§. 60. 3. Die Vertheilung des Nationaleinkommens	50

Viertes Buch.
Lehre von der Consumtion.

Erstes Kapitel.

§. 61. Das Wesen der Consumtion, besonders im Unterschiede von dem unabsichtlichen Werthuntergang ... 51

Zweites Kapitel.

§. 62. Die Arten der Consumtion im Allgemeinen ... 52

Drittes Kapitel.

§. 63. Der Luxus und dessen kulturgeschichtliche Bedeutung im Besonderen ... 53

Fünftes Buch.
Bevölkerungslehre.

Erstes Kapitel.

§. 64. Das Verhältniß zwischen wirthschaftlicher Entwicklung und Bevölkerungszunahme im Allgemeinen ... 55

Zweites Kapitel.

§. 65. Theorie des Malthus ... 55

Drittes Kapitel.

§. 66. Critik des Malthusianismus ... 56

Anhang.

	Seite
Vorbemerkung	61
I. Die Wichtigkeit der nationalökonomischen Wissenschaft	63
II. Ueberſicht über den Entwicklungsgang der Volkswirthſchaft	69
III. Der Einfluß der Arbeitstheilung auf die volkswirthſchaftliche Entwicklung im Beſonderen	76

Einleitung.

§. 1.

Bedürfniß.

Jeder Mensch hat gewisse Bedürfnisse, durch deren Befriedigung seine Existenz und Entwicklung bedingt sind. Man unterscheidet: Natur=, Anstands= und Luxusbedürfnisse. Die Gesammtheit der Bedürfnisse eines Menschen heißt der Bedarf desselben.

§. 2.

Gut.

Gegenstände der Außenwelt, welche brauchbare Mittel für die Befriedigung menschlicher Bedürfnisse bilden, werden Güter genannt.

Die Grenzen des Güterreiches ändern sich mit dem Wechsel unserer Bedürfnisse, ebenso die Höhenverhältnisse desselben.

§. 3.

Eintheilung der Güter.

Alle Güter zerfallen in drei Klassen, sie sind entweder a) Personen (Sklaven) oder persönliche Dienste (werthgeschätzte Leistungen Anderer, Leistungsgüter); oder b) Sachen, theils bewegliche, theils unbewegliche (Sachgüter); oder c) Verhältnisse zu Personen oder Sachen, z. B. Kundschaften, Firmen ꝛc. (Verhältnißgüter).

§. 4.

Werth.

Werth ist die Bedeutung, welche einem Gute in der wirthschaftlichen Berechnung des Menschen zukommt.

Je nachdem diese Bedeutung eines Gutes nur in der Eigenschaft liegt, als Mittel für die Befriedigung eines menschlichen Bedürfnisses dienen zu können, oder aber in der Fähigkeit, gegen andere Güter eingetauscht zu werden, unterscheidet man: Gebrauchs- und Tauschwerth. Güter, welche in überflüssiger Menge vorhanden sind und somit von Jedermann ohne Entgelt und mühelos erworben werden können, haben keinen Tauschwerth: es ist jedoch auch der Begriff solcher freien Güter ein relativer.

Wichtig ist außerdem noch der Unterschied zwischen abstractem oder Gattungswerthe und concretem oder Quantitätswerthe. Der abstracte oder Gattungswerth ist der Werth der Güter mit Rücksicht auf ihre allgemeinen Eigenschaften gegenüber einem allgemeinen Bedürfnisse; der concrete oder Quantitätswerth bedeutet den Werth, welchen ein bestimmtes Gut oder ein gewisses Quantum einer Güterart für eine bestimmte Individualität unter bestimmten Voraussetzungen beansprucht.

§. 5.

Vermögen.

Vermögen ist der Inbegriff aller Güter, welche sich im Eigenthume einer physischen oder juristischen Person befinden.

Eine Streitfrage bezieht sich darauf, ob bei der Schätzung eines Vermögens der Gebrauchswerth oder der Tauschwerth seiner Bestandtheile zu Grunde gelegt werden müsse.

Es muß in solcher Hinsicht zwischen Privatvermögen und Volksvermögen unterschieden werden. Für die Schätzung des Privatvermögens ist der Tauschwerth, für die Schätzung des Volksvermögens der Gebrauchswerth maßgebend.

§. 6.

Wohlstand und Reichthum.

Als Wohlstand bezeichnen wir das rechte Verhältniß zwischen dem Gesammtvermögen und dem Gesammtbedarfe einer Person. Unter Reichthum ist das die Linie des Wohlstandes übersteigende Vermögensverhältniß oder der Ueberfluß an eigenem Vermögen zu verstehen.

§. 7.

Wirthschaft.

Wirthschaft bedeutet die Unterwerfung der Außenwelt als der wirthschaftlichen Sache unter die Herrschaft des Menschen als der wirthschaftlichen Persönlichkeit zum Zwecke der Befriedigung des menschlichen Bedarfs an äußeren Gütern.

Wenn im Processe der Wirthschaft und zwar für deren Ziel und Gestaltung die nationale Zusammengehörigkeit eine entschiedene Bedeutung erlangt, so entsteht die Volkswirthschaft oder die Nationalökonomie.

§. 8.

Die Nationalökonomie als Wirthschaftslehre.

Die Nationalökonomie ist die Darstellung von den Grundelementen der menschlichen Wirthschaft und von den Grundgesetzen des wirthschaftlichen Processes. Die Grundelemente der menschlichen Wirthschaft sind aber einerseits die wirthschaftliche Persönlichkeit (der Mensch, beziehungsweise das Volk), andererseits die wirthschaftliche Sache (die Außenwelt), während die Grundgesetze des wirthschaftlichen Processes in der Unterwerfung der wirthschaftlichen Sache durch die wirthschaftliche Persönlichkeit zu Tage treten.

Nicht selten wird die Nationalökonomie oder Volkswirthschaftslehre als Theil der politischen Oekonomie bezeichnet und der Volkswirthschaftspflege oder Volkswirthschaftspolitik, sowie der Finanzwissenschaft oder der Politik des Staatshaushaltes, als den beiden weiteren Theilen der politischen Oekonomie, zur Seite gestellt.

§. 9.
Quellen und Methode der Nationalökonomie.

Die Nationalökonomie findet ihre Stütze durch Beobachtung theils der einzelnen wirthschaftlichen Thatsachen, theils der inneren Natur der Menschen und der Dinge; sie verbindet die inductive und die deductive Methode. Nicht zu verwechseln mit dem Unterschiede zwischen inductiver und deductiver Methode ist der Gegensatz von realistischer und historischer Methode.

Die historische Methode verzichtet in der Theorie auf die Ausarbeitung eines Ideales der Volkswirthschaft oder eines Bildes vollkommenster menschlicher Wirthschaft; sie gewährt statt dessen die einfache Schilderung zuerst der wirthschaftlichen Natur und Bedürfnisse des Volkes, — dann der Gesetze und Anstalten, die zur Befriedigung der Bedürfnisse bestimmt sind, — endlich des größeren oder geringeren Erfolges, den die Gesetze und Einrichtungen gehabt haben.

§. 10.
System.

Im strengen Anschlusse an die Definition der Wirthschaft hätte sich die Wirthschaftslehre in drei Bücher zu gliedern:

1. Lehre von der wirthschaftlichen Persönlichkeit,
2. Lehre von der wirthschaftlichen Sache,
3. Lehre von dem wirthschaftlichen Processe.

Die traditionelle Eintheilung ist jedoch folgende:

1. Buch: Lehre von der Produktion,
2. Buch: Lehre von dem Umlauf der Güter,
3. Buch: Lehre von der Vertheilung der Güter,
4. Buch: Lehre von der Consumtion,
5. Buch: Lehre von der Bevölkerung.

§. 11.
Geschichte und Literatur der Nationalökonomie.

Eigentliche nationalökonomische Systeme entwickelten sich erst seit dem Beginne der neueren Zeit; es sind dieselben der Merkantilismus, der Physiokratismus und das Industriesystem.

Den Grundgedanken eines jeden der drei Systeme bildet eine eigenartige Auffassung vom Ursprung des Nationalreichthumes. Der Merkantilismus nahm an, daß der Reichtum eines Landes sich bemesse nach der Menge der in ihm cirkulirenden edlen Metalle; der Physiokratismus bezeichnete Grund und Boden als die Quelle des Volkswohlstandes; das Industriesystem fand dieselbe in der menschlichen Arbeit.

In theoretischer Hinsicht waren der Merkantilismus und der diesem entgegentretende Physiokratismus gleich unhaltbar; sehr verschiedenartig gestalteten sich aber die praktischen Folgerungen aus dem einen und dem anderen Systeme.

Das Industriesystem von Adam Smith (1723—1790) besteht noch heute in wesentlich unverändertem Inhalte, indem ungeachtet aller Verbesserungen und Ergänzungen ein neuer Grundgedanke bis jetzt nicht an die Stelle der leitenden Idee des Meisters getreten ist.

Gleichwohl kommt dem Industriesystem nur eine relative Wahrheit zu, nicht aber eine absolute Richtigkeit.

Die Wahrscheinlichkeit, daß die Volkswirthschaftslehre in Bälde in ein neues und viertes Stadium der Entwicklung treten werde, ist um so größer, als zu der wissenschaftlichen Nothwendigkeit der Richtigstellung auch noch der Drang des äußeren Bedürfnisses der Verbesserung der gesellschaftlichen Zustände kommt.

Die vorzüglichsten Lehr- und Handbücher der Nationalökonomie in Deutschland sind:

Heinrich Rau, Grundsätze der Volkswirthschaft. 2 Abtheilungen, 8. Ausgabe, Leipzig, 1868.

Wilhelm Roscher, Die Grundlagen der Nationalökonomie. 7. Auflage, Stuttgart, 1867.

L. Stein, Lehrbuch der Volkswirthschaft. Wien, 1858.

Albert Schäffle, Das gesellschaftliche System der menschlichen Wirthschaft, — ein Lehr- und Handbuch der Nationalökonomie. 2. Aufl. Tübingen, 1867.

Ein trefflicher Leitfaden für Vorlesungen ist:

H. v. Mangoldt, Grundriß der Volkswirthschaftslehre. Stuttgart, 1862.

Außerdem sind systematische Darstellungen von Soden, Hufeland, Jacobs, Kubler, Kantz, Rösler, Wirth, Maurus, Kosegarten, Umpfenbach, Herrmann und mehreren Anderen publicirt worden.

Die gefeiertesten Oekonomisten des Auslandes sind gegenwärtig der Engländer John Stuart Mill, der Franzose Michel Chevalier, der Italiener Bianchini, der Nordamerikaner Carey.

Erstes Buch.
Die Lehre von der Produktion.

Erstes Kapitel.

Ursachen und Arten der Werthentstehung im Allgemeinen, sowie Begriff, Nothwendigkeit und Umfang der Produktion im Besonderen.

§. 12.

1. Ursachen und Arten der Werthentstehung im Allgemeinen.

Werthe entstehen theils durch die bloße Freigebigkeit der Natur, theils unter Zuthun des Menschen. Man unterscheidet demgemäß nichtwirthschaftliche und wirthschaftliche Werthentstehung.

§. 13.

2. Begriff, Nothwendigkeit und Umfang der Produktion im Besonderen.

Die wirthschaftliche Werthentstehung heißt Produktion (Gütererzeugung), während die nichtwirthschaftliche Werthentstehung als freie Werthentstehung bezeichnet wird.

Die Nothwendigkeit der Produktion beruht auf der Thatsache, daß die Natur ohne Zuthun des Menschen die Mittel zur Befriedigung der Bedürfnisse desselben nicht genügend zur Verfügung stellt.

Der Umfang der nothwendigen Produktion bemißt sich folgerichtig theils nach der Ausdehnung der vorhandenen Bedürfnisse, theils nach der Beschränktheit der freien oder nichtwirthschaftlichen Werthentstehung.

Zweites Kapitel.

Die Voraussetzungen der Produktion.

§. 14.

1. Die Voraussetzungen der Produktion im Allgemeinen.

Die Voraussetzungen der Produktion sind: Die Existenz von Naturstoffen und Naturkräften, sowie die Anerkennung des Rechtes der persönlichen Freiheit und des Privateigenthums.

In der Existenz von Naturstoffen und Naturkräften liegen die natürlichen Bedingungen der Produktion, in der Anerkennung des Rechtes der persönlichen Freiheit und des Privateigenthums sind alle socialen Bedingungen der Produktion enthalten.

§. 15.

2. Die natürlichen Voraussetzungen der Produktion.

Die Natur gewährt in den Naturstoffen die Gütergrundstoffe, d. h. die körperlichen Grundbestandtheile der Güter; — und in den Naturkräften, welche in den Naturstoffen wirken, die Gütererzeugungskräfte, d. h. Kräfte, welche für die Gütererzeugung benutzbar sind.

a) Unter den Naturstoffen haben eine besondere Bedeutung für die Wirthschaftslehre: der Erdboden, ferner Wasser und Luft, endlich die drei Naturreiche, deren zwei organische Körper bieten und deren drittes in unorganischen Gebilden besteht.

Je nach der Eigenartigkeit der Lage, des Bodens und der Luft (oder des Klimas, dessen wichtigste Bestandtheile die Wärme der Luft und ihre Feuchtigkeit sind) bestimmen sich in der territoriellen Vertheilung der Naturgaben Unterschiede, welche durch menschliches Zuthun nur theilweise ausgeglichen werden können.

Der Einfluß dieses Umstandes auf die ökonomische wie die politische und allgemeine menschliche Entwicklung der Völker ist von fundamentaler Bedeutung. Je mehr nützliche organische Stoffe dem Boden abgewonnen werden, desto mehr Menschen können auf gleichem Raume auch ohne auswärtigen Verkehr ihren Unterhalt finden, desto niedriger sind die Kosten und somit die Preise jener Stoffe und desto leichter ist es, den Unterhalt zu erwerben, und desto mehr Arbeit kann folgerichtig auf Erhöhung, Verfeinerung und Vervielfältigung des Gütergenusses oder auch auf die Pflege und Vermehrung der persönlichen Güter verwendet werden.

b) Die in den Naturstoffen wirkenden Naturkräfte sind entweder organische oder unorganische.

Organisch heißen diejenigen Naturkräfte, durch welche organische Körper erzeugt werden. Diese organischen Naturkräfte gestatten dem Menschen nur eine beschränkte und indirecte Entwicklung (namentlich durch Säen, Pflanzen, Bewässern, Füttern ꝛc.).

Die unorganischen Naturkräfte zerfallen in chemische und mechanische. Erstere bewirken eine Veränderung der inneren Eigenschaften der Stoffe; letztere verursachen eine äußerlich räumliche Veränderung oder eine Bewegung der Körper und in Folge derselben eine Umwandlung der Gestalt oder eine Versetzung der Stoffe an eine andere Stelle.

Sowohl die chemischen als die mechanischen Naturkräfte tragen zur Vermehrung der Gütermenge regelmäßig erst dann bei, wenn denselben durch die Veranstaltung der Menschen eine bestimmte Wirksamkeit angewiesen wird.

§. 16.

3. Die socialen Voraussetzungen der Produktion.

Den Gegensatz zu der persönlichen Freiheit bilden die unfreien Formen des Dienstes, die Sklaverei, die Leibeigenschaft und der Frohndienst. In der Form der Sklaverei erscheint die Persönlichkeit als rechtliche Sache und in der Leibeigenschaft als Arbeitsvermögen einer fremden Oekonomie, während im Falle des Frohndienstes nur noch ein Theil der Arbeitskraft der herrschenden Wirthschaft überlassen werden muß.

Mittelbar unfrei war die dienende Arbeit zünftiger Gewerbs-Gehilfen; und ein mittelbarer Dienstzwang lag auch im Mangel des Rechtes des Freizügigkeit.

Den Gegensatz zum Privateigenthum bildet die Gütergemeinschaft, welche direct durch den Communismus und indirect durch den Socialismus angestrebt wird. Der Communismus leitet aus der Annahme unbedingter Gleichheit aller Menschen eine ebenso unbedingte Gleichberechtigung an alle Güter ab; er verwirft somit, wie das Privateigenthum, so Ehe und Familie. Der Socialismus dagegen erblickt in der Arbeit den einzig gerechten Maßstab für die Bemessung des Verhältnisses zwischen den Menschen und der Güterwelt; er fordert Einziehung des Grundeigenthums und der Capitale durch den Staat, ferner Vertheilung der Arbeitsquellen an die Einzelnen durch die Regierung je nach der Fähigkeit und Würdigkeit, endlich Verablassung des Ertrages an das Individuum zu dessen persönlichem Genusse: er gestattet somit Privateigenthum, jedoch nur an Selbsterworbenem und ohne Vererbung.

Die Bedeutung des Rechtes der persönlichen Freiheit ist eine doppelte. Einmal wird die Arbeitskraft um so leistungsfähiger und deshalb um so vortheilhafter, je mehr der Träger derselben durch die Arbeit den eigenen Zweck verwirklicht: es arbeitet erfahrungsgemäß schlechter der Sklave als der Leibeigene, der Leibeigene als der Fröhner, der Fröhner als der Taglöhner, der Taglöhner als der stückweise bezahlte Arbeiter. Sodann wird durch die mit dem Rechte der persönlichen Freiheit gegebene Freiheit der Berufswahl die wirksamste Verwendung der persönlichen Kräfte ermöglicht; jede freie Persönlichkeit vermag die wirthschaftlichste Verwerthung ihrer produktiven Kräfte aufzusuchen.

Die Bedeutung des Rechtes des Privateigenthums für die Produktion ist gleichfalls eine doppelte. Einmal wird durch das Recht des Privateigenthums das Interesse für die persönliche Thätigkeit regelmäßig und auf die Dauer bedingt und folgerichtig auch das Maß der individuellen Antheilnahme an der nationalen Produktion normirt. Sodann wird durch das Recht des Privateigenthums den für die verschiedenen Produktionsaufgaben geeignetesten Persönlichkeiten erst die Gelegenheit eröffnet, auch der passendsten Mittel für die Gütererzeugung theilhaftig zu werden.

Drittes Kapitel.

Der Proceß der Produktion oder die Arbeit, im Besonderen die Arbeitskraft, die Produktivität der Arbeit und die Elemente, durch welche die Produktivität der Arbeit bedingt wird: Arbeitsgliederung, Capital und unternehmungsweiser Betrieb.

§. 17.

1. Die Arbeitskraft.

Die Arbeitskraft ist die Fähigkeit, eine für den Menschen nützliche Sache durch persönliche Bethätigung herzustellen. Man unterscheidet die körperliche Arbeitskraft und die geistig-sittliche Arbeitskraft.

Die Entwicklung der Arbeitskraft beruht für niedere Kulturstufen auf dem Zwange der äußeren Umstände, für höhere Kulturstufen auf dem Drange nach Vervollkommnung der Daseinsform. Mit dem Emporsteigen der Kultur wächst insbesondere die Bedeutung der geistig-sittlichen Arbeit für die Produktion.

§. 18.

2. Die Produktivität der Arbeit.

Als produktiv im weiteren Sinne ist jede Arbeit zu bezeichnen, durch welche ein Mittel für die Befriedigung eines menschlichen Bedürfnisses oder ein Gut erzeugt wird. Produktiv im engeren, wirthschaftlichen oder ökonomischen Sinne pflegt man nur jene Arbeit zu nennen, deren Produkt mindestens die Produktionskosten deckt, beziehungsweise zu den möglichst geringen Kosten erzeugt wird.

Produktiv im engeren Sinne sind nicht nur alle Arbeiter, weil und so lange sie ohne Zwang volle Vergeltung ihrer Arbeit erhalten, sondern auch jene Nichtarbeiter, welche ihr Vermögen lehensweise an Andere zu produktivem Umtriebe überlassen.

Die Elemente, welche die Produktivität der Arbeit oder deren möglichst große Wirksamkeit bedingen, sind: die rationelle Gliederung der Arbeit oder die zweckmäßige Arbeitstheilung und Arbeitsvereinigung, die Benützung von Capital und — auf Grundlage beider Operationen — der unternehmungsweise Betrieb mit dem Hauptmittel der Maschinen.

§. 19.

3. Die Gliederung der Arbeit, Arbeitstheilung und Arbeitsvereinigung.

Unter Arbeitstheilung versteht man die Sonderung der verschiedenen Produktionsaufgaben und die möglichste Beschränkung der individuellen Thätigkeit der Einzelnen auf Einen wirthschaftlichen Zweck. Die vollkommenste Verwirklichung findet das Prinzip der Arbeitstheilung im Fabrikwesen und in des letzteren territorialer und internationaler Gliederung.

Durch die Arbeitstheilung werden höchstgradig ermöglicht: die Verwerthung der besonderen größten und kleinsten Arbeitsfähigkeiten; die Erlangung vorzüglichster Geschicklichkeit der Arbeiter in den einzelnen Arbeitsgattungen; die Ausmittlung vollkommenster Verwendungen der Maschinen für die einzelnen Verrichtungen; die Abwendung von Zeit- und Müheverlusten, welche beim Uebergange von der einen zu der anderen Beschäftigung unvermeidlich sind. Die Hauptnachtheile der Arbeitstheilung bilden die Gefahr der Einseitigkeit in der Ausbildung, beziehungsweise die Gefahr der geistigen und körperlichen Verkümmerung eines Theiles der Bevölkerung; die Bedrohung der Moralität im Familienleben durch die fabrikstädtische Arbeiter-Concentration; die Steigerung der Unsicherheit und der Schwankungen in den ökonomischen Grundlagen der arbeitenden Klassen.

Die genannten Hauptnachtheile können jedoch zunächst gemildert und schließlich beseitigt werden theils durch die Intervention der Gesetzgebung, theils durch die Einsicht und Humanität der Unternehmer, theils durch die gemeinschaftliche Selbsthilfe der Arbeiter.

Der Arbeitstheilung als der Trennung der Arbeiten, sofern solche einander stören würden, entspricht die Arbeitsvereinigung als die Verbindung der Arbeiten, soweit diese einander fördern: beide Elemente bedingen sich gegenseitig.

§. 20.

4. Das Capital.

Capital ist jedes Produkt, welches zu fernerer Produktion aufbewahrt wird. Es entsteht dasselbe wesentlich dadurch, daß neue Produkte dem augenblicklichen Genußgebrauche des Besitzers entzogen und wenigstens dem Werthe nach als Grundlage einer dauernden Nutzung aufgespart werden.

Das Capital eines Volkes umfaßt somit hauptsächlich folgende Güterklassen: Bodenmeliorationen; Bauwerke; Werkzeuge; Maschinen und Geräthe; Arbeits- und Nutzthiere, sofern sie durch menschliche Sorgfalt gezogen, erhalten oder entwickelt sind; Hauptstoffe; Hilfsstoffe; Unterhaltsmittel, welche den Produzirenden vorzustrecken sind; Handelsvorräthe; Geld; unkörperliche oder Quasi-Capitalien.

Man unterscheidet nach dem Zwecke der Verwendung — Produktivcapitalien im engeren Sinne und Gebrauchscapitalien, nach der Art der Verwendung — stehende und umlaufende Capitalien oder Anlags- und Betriebscapitalien. Die Produktivcapitalien im engeren Sinne (vielfach ausschließlich Capital und Capitalvermögen genannt), dienen der Produktion sachlicher Güter, während die Gebrauchscapitalien (von Schäffle als Genußvermögen bezeichnet) für die Produktion persönlicher Güter oder nützlicher Verhältnisse verwendet werden. Das stehende oder Anlagscapital läßt sich öfter, das umlaufende oder Betriebscapital nur einmal zur Produktion benützen, indem von letzterem der ganze Werth in den Werth des neuen Produktes übergeht, von ersterem nur der Werth der Nutzung.

Das Capital ist die wesentliche Bedingung für die möglichst gesteigerte und erfolgreiche Verwendung der Naturkräfte und der Naturstoffe, sowie der menschlichen Arbeitskraft. Erst durch das Capita ermöglicht sich die höchste Wirthschaftlichkeit in der Produktion.

§. 21.

5. Der unternehmungsweise Betrieb und dessen Hauptmittel — die Maschinen.

Das Wesen des unternehmungsweisen Betriebes liegt darin, daß — im Gegensatze zu der Selbstproduktion der Consumenten und zur berufsmäßig fixirten Uebernahme von Bestellungen — für den Verkehr auf eigene Rechnung produzirt wird.

Die Form des unternehmungsweisen Betriebes ist entweder eine private oder eine gesellschaftliche, und als gesellschaftliche entweder eine offene oder eine stille oder eine Actiengesellschaft.

Die Licht- und Schattenseite der einzelnen Unternehmungsformen sind folgende: Die Privatunternehmung, welche mit fremder Capital- und Arbeitskraft gegen Zins und Lohn sich verbindet, aber ausschließlich die Betriebsleitung und die Gefahr übernimmt, hat die Chancen des verhältnißmäßig größten und sichersten Erfolges; sie findet jedoch ihre Grenze an der Größe des Unternehmungsobjectes, der Gefahr und der Betriebsleitung. Die offene Gesellschaft (Collectivunternehmung, Societät), in welcher mehrere Einzelwirthschaften in Ansehung von Capital- und Arbeitsvermögen sich verbinden und zwar mit der Wirkung solidarischer Haftung für Schaden unter sich und für Verbindlichkeiten gegen Dritte, zum Zwecke der Theilung des Gewinnes nach den Verhältnissen der Vermögenseinlagen — hat den Nutzen einer Vervielfältigung der Unternehmerpersönlichkeit; sie unterliegt aber der Gefährdung durch die Verschiedenartigkeit der Meinungen und der Interessen, weshalb eine Verbesserung solcher natürlichen Schwäche durch Familiengemeinschaft angestrebt wird. Die stille Gesellschaft (Commanditgesellschaft), in welcher Eine Privatwirthschaft Leitung und Risico hat, sich aber verstärkt durch fremde Capitalisten, welche Anspruch auf Gewinnantheil haben und dafür nach Außen mit dem Geranten bis zum Einlagebetrag haften, ist günstig für einzelne tüchtige Männer mit Talent, jedoch ohne genügendes Capital; sie enthält dagegen eine Gefahr für das Capital eines Commanditisten in der Möglichkeit, daß der Gerant Separatgeschäfte mache, leichtsinnig verfüge oder durch betrügerischen Bankerott das eingelegte Vermögen sich aneigne. Die stille Gesellschaft empfiehlt sich demgemäß nur unter der Voraussetzung vollkommener Kenntniß der Moralität, der Intelligenz und des Capitals des Geranten, sowie nach geschehener Sicherung fortwährender Einsichtnahme des Geschäftsbetriebes.

Die Actiengesellschaft (Antheilunternehmen), bei welcher mehrere Privatvermögen mit einer Zahl gleich großer Actien sich verbinden, das Werthsrisico gemeinschaftlich ist, die Leitung und Beaufsichtigung gewählten Directoren und Verwaltungsräthen übergeben und der Gewinnantheil als Dividende an die Actionäre nach Verhältniß des Capitaleinschusses und in der Form der Tantiemen an Directoren und Verwaltungsräthe vertheilt wird, hat den Vortheil, daß das Vermögensrisico durch Theilung sich mindert: die Actienunternehmung ist eine volkswirthschaftliche Versuchsform. Die natürliche Schwäche der Actienunternehmung liegt dagegen darin, daß die Direction kein volles eigenes Werthrisico trägt und in der Disposition sich beengt sieht durch den Verwaltungsrath, und daß doch wieder die Aufsicht über den Verwaltungsrath selbst durch die Generalversammlung der Actionäre ebenso schwer als selten zur Wahrheit zu machen ist.

Das Hauptmittel des unternehmungsweisen Betriebes sind die Maschinen, — theils Motoren, in denen die Naturkraft zur Erzeugung der Bewegungsmasse erfaßt wird, theils Werkzeuge für die Motoren zum Zwecke der Anwendung der erzeugten Bewegungsmasse auf den Gegenstand der eigentlichen Arbeitswirkung.

Die Maschinen eignen sich hauptsächlich für Arbeiten, welche eine große Masse gleichartiger und in gleichartige Theile zu spaltender Bewegung fordern.

Die Maschinenproduktion bedeutet wohlfeile und gleichmäßige Massenproduktion, während für die von Menschenhand durch Handwerkszeug gebildeten Erzeugnisse Eigenartigkeit und verhältnißmäßige Kostspieligkeit charakteristische Eigenschaften bilden.

Die allgemeine Kulturwirkung der Maschineneinführung besteht in der Entlastung vom Drucke der mechanischen Arbeit und folgerichtig in der stufenweisen Beseitigung aller Formen der Unfreiheit und im Emporkommen immer Mehrerer zu freiem und menschenwürdigem Dasein. Für den Arbeiterstand bringt die Maschineneinführung allerdings oft eine augenblickliche Erwerbsbeschränkung; und es ver=

urtheilt dieselbe auch, indem sie die Massen vom Drucke mechanischer Arbeit entlastet, Einzelne um so geistloserer Function: aber beide Nachtheile sind erfahrungsgemäß vorübergehender Natur. Nach Einführung der Maschinen pflegt in den nämlichen Industrieen die Zahl der Arbeiter bei besseren Löhnen zu wachsen; menschenunwürdige Verrichtungen werden mit fortschreitender Erkenntniß der Naturkräfte und ihrer Verwendbarkeit mehr und mehr von Maschinen selbst übernommen; — zudem participiren auch die Arbeiter an den Hauptvortheilen der Maschinenproduktion für die Consumenten, an der Wohlfeilheit der Produkte und an der dadurch bedingten Genußerweiterung.

Zweites Buch.
Lehre vom Güterumlauf.

Erstes Kapitel.

Das Wesen und die Form des Güterumlaufs im Allgemeinen, sowie das Verhältniß desselben zur Produktion.

§. 22.

1. Das Wesen des Güterumlaufs.

Das Wesen des Umlaufs oder der Circulation der Güter besteht im Uebergange derselben von einem Eigenthümer zum anderen.

§. 23.

2. Die Form des Güterumlaufs.

Die regelmäßige Form des Güterumlaufs ist der Tausch. Güter, welche umgetauscht zu werden bestimmt sind, heißen Waaren.

Die Circulationsfähigkeit der verschiedenen Waaren oder deren Eigenschaft, leicht und sicher Abnehmer zu finden, ist eine höchst verschiedene.

Mit dem Steigen der Kultur der Völker pflegt auch die Circulationsfähigkeit ihres Vermögens zu wachsen.

§. 24.

3. Das Verhältniß des Güterumlaufs zur Produktion.

Je mannigfaltiger die Produktion sich entwickelt, um so leichter und sicherer wird der lohnende Absatz eines jeden Produktes; und umgekehrt, je mehr sich die Aussicht auf leichten und sicheren Absatz einer Güterart steigert, um so mehr vervollkommnet sich regelmäßig die Produktion derselben.

Zweites Kapitel.

Die Hindernisse und die Förderungsmittel des Güterumlaufs.

§. 25.

1. Die Hindernisse und die Förderungsmittel des Güterumlaufs im Allgemeinen.

Die Hindernisse des Güterumlaufs liegen theils in der Beschränktheit der Bedürfnisse oder der Befriedigungsmittel oder der Befriedigungsfähigkeit, theils in der rechtlichen und gesellschaftlichen Beschränkung der Tauschfreiheit.

Die Förderungsmittel des Güterumlaufs sind: die Ausbildung der Kunst der Waarenreservirung und des Transportwesens, die Vervollkommnung des Zusammentreffens der sich gegenseitig ergänzenden Tauschbedürfnisse, die Ordnung von Maß und Gewicht, die Entwicklung des Geldwesens und die Ausbildung des Creditwesens.

§. 26.

2. Im Besonderen die Ausbildung der Kunst der Waarenconservirung und des Transportwesens; die Vervollkommnung des Zusammentreffens der sich gegenseitig ergänzenden Tauschbedürfnisse und Ordnung von Maß und Gewicht.

Durch die Ausbildung der Kunst der Waarenconservirung wird die Circulationsfähigkeit einer Güterart zeitlich, durch die Verbesserung des Transportwesens räumlich gefördert, erweitert und gesteigert.

Durch die Vervollkommnung des Zusammentreffens der sich gegenseitig ergänzenden Tauschbedürfnisse wird der Güterumlauf in sofern gefördert, als dadurch die Tauschbedürfnisse theils der Isolirtheit oder der Verborgenheit entzogen, theils der nothwendigen Beziehung auf einander theilhaftig gemacht werden, d. h. zweckmäßig concentrirt, bekannt gegeben und vermittelt werden. Die Concentrirung der Tauschbedürfnisse vollzieht sich in der Bildung von Märkten und Messen, sowie von Handelsplätzen. Das Bekanntgeben der Tauschbedürfnisse betrifft theils das Angebot, theils die Nachfrage. Während die Publikation der letzteren auf die Form der Benachrichtigung sich beschränkt, findet ersteres eine Mehrheit von Ausdrucksformen, — besonders durch den Hausir- oder Ladenhandel, durch Musterreisende, Probeniederlagen und Industrie-Ausstellungen, durch Geschäftscirculare, Zeitungen und Plakate. Der Vermittlung der Tauschbedürfnisse dienen theils gewisse Anstalten, theils gewisse Personen: zu letzteren gehören vornehmlich die Groß- und Kleinhändler, sowie die Mäkler, Commissionäre, Spediteure und ähnliche Mittelspersonen; zu ersteren zählen namentlich Verkaufshallen, Waarenniederlagen, Börsen, Maß- und Wäge-Anstalten und gleichzweckige Einrichtungen.

Der Güterumlauf wird durch die Ordnung von Maß und Gewicht in sofern erleichtert, als von dem Messen oder der Feststellung der räumlichen Ausdehnung und von dem Wägen oder der Feststellung der Schwere der Körper eine genaue und vollkommene Einsicht in die Beschaffenheit der Waaren abhängt. Die Maßstäbe für das Messen heißen Maße, die für das Wägen werden Gewichte genannt. Erfordernisse der Maßstäbe sind deren innere, zeitliche und räumliche Einheit. Leistungen können nur nach der Zeitdauer oder nach der Produktenzahl, d. h. nach Stunden oder Stücken gemessen werden.

§. 27 — §. 29.

3. Im Besonderen die Entwicklung des Geldwesens.

§. 27.

a) Geld und Geldgüter im Allgemeinen.

Unter Geld ist ein Gut zu verstehen, welches als Generalwerthmesser und Generaltauschmittel dient.

Die wirthschaftliche Bedeutung des Geldes liegt hauptsächlich in der dadurch bewirkten Arbeitsersparung. In kulturlicher Hinsicht sind seit der Einführung der Geldwirthschaft die Völker freier und sittlicher geworden. Die Angriffe auf den Gebrauch des Geldes beruhen auf der Verwechslung eines Mittels zum Laster mit diesem letzteren selbst. Zu verwerfen ist allerdings die Ueberschätzung des Geldes durch die Mercantilisten.

Die Eigenschaften, welche einem Geldgute zukommen müssen, sind: ein allgemeiner, ein verhältnißmäßig hoher und ein örtlich und zeitlich möglichst gleichmäßiger Werth, sowie die Fähigkeit, als Maßstab leicht und einfach verarbeitet werden zu können. Bekanntlich sind zu verschiedenen Zeiten durch verschiedene Völker verschiedene Güter als Geld gebraucht worden. Das vollkommenste Geldgut bilden aber die edlen Metalle.

§. 28.

b) Münzwesen und Währungswesen.

Die edlen Metalle müssen im Interesse des Verkehrs gemünzt oder in Theile zerlegt werden. Die Zerlegung in Theile muß so geschehen, daß einem bestimmten Münzgrundgewichte eine bestimmte Zahl von Münzstücken entspricht. Das gesetzlich festgestellte Verhältniß der Zahl der Münzstücke zum Münzgrundgewicht heißt der Münzfuß. Scheidemünze ist jene kleine Münze, welche nach einem leichteren als dem gesetzlichen Münzfuß ausgeprägt oder aber zu einem höheren Nennwerth angesetzt wird, als ihrem Metallgehalt entspricht.

Währung bedeutet die Eigenschaft, vermöge welcher Münzen und Münzzeichen durch den Staat als allgemeines Zahlungsmittel anerkannt sind. Man unterscheidet einfache, doppelte und gemischte Währung. Einfache Währung ist dann vorhanden, wenn die Währungseigenschaft nur Einem der edlen Metalle zukommt; doppelte Währung existirt, wenn die Währungseigenschaft beiden edlen Metallen eingeräumt und somit ein Verhältniß zwischen Gold und Silber gesetzlich festgesetzt ist; gemischte Währung besteht, wenn allgemeine Zahlkraft nur die Münzen des einen Metalles haben, die des anderen jedoch nach einem gewissen festen oder wechselnden Course durch die Staatscassen angenommen werden. Die Erfahrung spricht gegen die Doppelwährung. Es wird nämlich diese stets nur so lange im praktischen Gebrauche sein, als das gesetzlich festgestellte Werthverhältniß zwischen Gold und Silber übereinstimmt mit dem Weltmarkts-Verhältnisse zwischen beiden Metallen, indem wenn ein Metall auf dem Weltmarkte billiger wird als das andere im Vergleich mit dem gesetzlichen Werthverhältnisse, jeder Schuldner mit dem billigeren Gelde zahlt. Im Falle der ausschließlich zu rechtfertigenden einfachen Währung empfiehlt sich sodann im Allgemeinen Goldwährung für Großhandelsstaaten, während die Silberwährung für Länder mit beschränktem Verkehr an und für sich nicht ungeeignet erscheint. In einzelnen Perioden ist allerdings der Gesichtspunkt maßgebend, welches der beiden edlen Metalle im Verhältniß zu allen anderen Gütern größere Werthgleichmäßigkeit auf längere Zeit verspreche: es ist jedoch gegenwärtig nicht zu befürchten, daß Gold und Silber aus ihrem gegenseitigen Vertretbarkeitsverhältnisse im Gelddienste in Bälde sich von einander losreißen werden, indem die Goldproduktion abnehmen kann und die Silberproduktion, welche zudem in höherem Grade von Capital und Arbeit abhängt, sich zu steigern vermag.

§. 29.

c) Geldwerth.

Eine verhältnißmäßige Höhe des Geldwerthes findet auf die Dauer ihren Ausdruck in der entsprechenden Niedrigkeit der Waarenpreise und umgekehrt. Eine locale und zeitweilige Geldwerthsteigerung zeigt sich in der Erhöhung des Disconto und im Steigen der Wechselcourse auf auswärtige Plätze, während eine örtliche und momentane Geldwerthsinkung in den entgegengesetzten Erscheinungen sich manifestirt.

Der Werth des Geldes ist abhängig — und zwar auf die Dauer wie örtlich und zeitlich — von dem Verhältnisse zwischen Angebot und Nachfrage.

Das Angebot wird auf die Dauer hauptsächlich durch den Grad der Edelmetallproduktion und deren Verhältniß zur Edelmetallconsumtion bestimmt.

§. 30 — §. 38.

4. Im Besonderen die Entwicklung des Creditwesens.

§. 30.

a) Begriff, wirthschaftliche Bedeutung und Gefahren des Credits.

Credit ist die freiwillig eingeräumte Befugniß, über fremde Güter zu verfügen gegen das bloße Versprechen des Gegenwerthes.

Die Creditfähigkeit ist — vom Einflusse allgemeiner gesellschaftlicher Zustände abgesehen — bedingt durch die rechtliche Gesinnung des Schuldners und durch die Rückerstattungsfähigkeit desselben (persönliche Arbeitskraft, Capitalbesitz und sonstige Erwerbshoffnungen).

Die wirthschaftliche Bedeutung des Credits liegt in der Erleichterung der Gütercirculation durch Emancipation der Tauschgeschäfte von den Schranken des jeweilig gegebenen Momentes; in der Förderung der Produktion durch Vermittlung zwischen capitalloser Arbeit und arbeitslosem Capital, sowie durch Ermöglichung jener Capitalconcentration, durch welche erst die höchste Wirthschaftlichkeit in der Produktion erreicht wird; in dem energischen Antriebe zur Capitalbildung durch Eröffnung eines Weges zu lohnendster Nutzung der Ersparnisse ohne eigene Verwendung derselben.

Die Gefahren des Credites liegen in der Möglichkeit seines Mißbrauches zu unwirthschaftlicher Ausdehnung der Consumtion, zu leichtsinnigen Ausschweifungen der Speculation und zu irrationeller Vervielfältigung der Creditsurrogate des Edelmetallgeldes, wodurch die rechtzeitige Convertibilität der Creditscheine gefährdet wird.

§. 31.
b) Eintheilungen des Credites.

Man unterscheidet: öffentlichen und Privat-Credit, je nachdem der Creditnehmer der Staat oder eine Privatpersönlichkeit ist; Personal- und Real-Credit, je nachdem der Gläubiger als Garantie für die Rückerstattung des creditirten Werthes das bloße Versprechen der künftigen Bezahlung annimmt oder aber einen bestimmten Vermögenswerth als eventuelles Befriedigungsobject sofort rechtlich gesichert erhält. Faustpfand- und Hypothekar-Credit, je nachdem im Falle des Realcredites eine Besitzübertragung des Pfandes stattfindet oder aber ein dingliches Recht an Immobilien constituirt wird, so daß der Gläubiger gegen jede Rechtsbenachtheiligung seines Schuldners geschützt ist, indem dieser entweder die factische oder doch die rechtliche Verfügung über den verpfändeten Gegenstand verliert.

§. 32.
c) Erscheinungsformen des Credites im Allgemeinen.

Man unterscheidet den Buchcredit, den Wechselcredit, den Gesellschaftscredit und den Bankcredit.

Der Buchcredit besteht darin, daß der Gläubiger die erlangte Forderung in seinen Büchern gutschreibt, sich auf sein Haben und den Schuldner auf sein Soll bringt.

Die Vortheile des Buchcredits bestehen in der Befreiung von den Mühen und Kosten vieler Baarzahlungen und in der Verminderung der nothwendigen Cassenvorräthe.

Der Wechselcredit unterscheidet sich vom Buchcredit dadurch, daß die entstandene Forderung nicht einfach im Geschäftsbuche gut- oder umgeschrieben wird, sondern der Gläubiger eine nach bestimmten Formvorschriften ausgestellte Schuldurkunde erhält, d. i. den Wechsel.

Der Gesellschaftscredit existirt, wenn Geschäfte in der Art betrieben werden, daß der Credit die wesentliche Grundlage einer gemeinsamen Geschäftsführung bildet und so Unternehmungen in das Leben ruft, die ohne ihn in dieser Gestalt nicht hätten entstehen können.

Das Wesen des Bankier- oder Bankgeschäftes bildet die handelsmäßige Organisation des Credittausches.

Vom Gesellschafts- und Bankcredit sind die einzelnen Arten besonders aufzufassen und zwar in der Weise, daß wir in Ansehung des Gesellschaftscredites die rechtlichen Arten und die anderwärtigen Arten desselben auseinander halten, während wir im Anschlusse des Bankcredites vier Arten unterscheiden, je nachdem die Banken besorgen.

Die Creditoperationen der Banken, welche der mannigfaltigsten Art sind, lassen sich in folgende Hauptgruppen verlegen: Sie besorgen das Cassawesen und die Buchführung für die Einzelnen; oder die Beschaffung des Zahlungsmittelbedarfs; oder den Vollzug der Wechsel- und Depositengeschäfte; oder die Aufnahme und Vollziehung der Darleihen.

§. 33.

d) Die Arten des Gesellschaftscredites im Besonderen.

Die rechtlichen Arten des Gesellschaftscredites sind die bereits erörterten Formen des unternehmungsweisen Betriebes; offene, stille und Actien-Gesellschaft.

Anderweitige eigenthümliche Arten des Gesellschaftscredites sind: das Commissionssystem, der Mobiliarcredit und die Creditvereine.

α. Das Commissionssystem ist jene Art von Gesellschaft, welche durch den Unternehmer und dessen Gehilfen in der Weise gebildet wird, daß letztere vom ersteren neben dem festen Lohne noch einen Gewinnantheil zugesichert erhalten: es steigert den Arbeitseifer und hat somit fleißige Arbeiter zur Voraussetzung seiner Anwendbarkeit.

β. Der Mobiliarcredit oder die Mobiliargesellschaft ist eine Gesellschaft auf Actien mit dem Zwecke, durch vereinten Credit alle kleinen verfügbaren Capitalien anzusammeln und in Masse anderen großen, schon bestehenden oder neu zu gründenden Unternehmungen zuzuführen. Die Banken verfolgen zwar die nämliche Aufgabe; sie erfüllen letztere aber nur mittelst eigentlicher Vorschußgeschäfte, ohne das eigene Interesse mit dem der Schuldner zu vereinigen. Der Mobiliarcredit gründet oder erweitert große Unternehmungen, indem er den eigenen Credit zum Credit der Unternehmung so lange macht, bis letzterer — selbstständig geworden — mit eigenen Mitteln weiter arbeiten kann: er gleicht einem Dampfer, der nicht selbst Waaren transportirt, sondern nur große Schiffe ins Schlepptau nimmt, bis diese auf offener See sind und Wind haben. Der Ausdruck „beweglicher Credit" erklärt sich aus dem Umstande, daß der Mobiliarcredit nicht an einem bestimmten Unternehmen haftet, sondern sich von dem einen auf den andern wirft und nur so lange bei den einzelnen ausharrt, bis der Zweck der Aufhilfe erreicht ist: es bewegt sich das Capital des Mobiliarcredites im beständigen Kreislaufe von Unternehmung zu Unternehmung.

Die Idee des Mobiliarcredites ist eine geniale und an und für sich von denkbar höchster Gunst für die Actieninhaber, das Volk und den Staat. Es liegt aber die Gefahr nahe, daß der vom Mobiliarcredit geschaffene Unternehmungscredit durch den Mobiliarcredit selbst bedroht werde; daß, indem viele Capitalien aus kleinen Anlagen herausgerissen werden, das natürliche Gleichgewicht zwischen Groß- und Kleinbetrieb verschwindet; daß, im Falle der Börsenschwindel des Geschäftes sich bemächtigt, einerseits mühelose Abschöpfung unverdienten Gewinnes für die Unternehmer eintritt, andererseits die unerfahrenen Massen durch Enttäuschung und Ruin heimgesucht werden.

Vorbild des modernen Mobiliarcredits war der im Jahre 1852 gegründete französische Mobiliarcredit.

ç. Creditvereine sind Gesellschaften, in welchen Creditbedürftige zusammen treten, um ihren gemeinsamen Credit an die Stelle des isolirten Credites jedes Einzelnen zu setzen und mit Hilfe ihres vereinten Gesellschaftscredites das Vertrauen der Darleher zu gewinnen.

Solcher Art sind namentlich die landwirthschaftlichen Creditvereine, die Volksbanken und die Produktivgenossenschaften der Arbeiter oder jener Genossenschaften, durch welche der Gegensatz zwischen Capitalprofit und Arbeitslohn in sofern aufgehoben werden soll, als die Arbeiter das Capital selbst einschießen, um zugleich als Unternehmer auftreten zu können. Creditvereine zur Erleichterung der Consumenten sind die sogenannten Consumvereine oder Distributivgenossenschaften, welche auf gemeinsame Rechnung Lebensmittel möglichst wohlfeil einkaufen und ohne Geschäftsgewinn an die Theilnehmer ablassen.

§. 34.

e) **Die Arten des Bankcredites im Besonderen.**

§. 34.

Uebersicht über die verschiedenen Arten des Bankcredites.

Nach der Verschiedenheit der bereits oben erwähnten Creditoperationen unterscheiden wir das Girobankgeschäft, sowie das Depositen-, Checks- und Clearinggeschäft, das Zettelbankgeschäft, das Wechsel- und Depositenbankgeschäft, das Leihbankgeschäft.

§. 35.

α. **Das Girobankgeschäft, sowie das Depositen-, Checks- und Clearinggeschäft.**

Das Girobankgeschäft oder das Umschreibe-Bankgeschäft ist eine Verbindung des Cassageschäftes mit dem Buchcredit, mehrere Geschäftsfreunde eines Platzes verbinden sich: eine ihren gewöhnlichen Cassabestand entsprechende Metallmenge der Landeswährung in Barren oder Münzen zusammen zu legen, Jeder erhält ein Conto in der Bank zum Betrag seiner Einlage, ein Blatt im Bankbuche, auf dem sein Guthaben verzeichnet ist; hat er eine Zahlung zu leisten, so läßt er mittelst einer schriftlichen Anweisung die Summe von seinem Haben auf das Haben seines Gläubigers umschreiben, der auf solche Weise ohne eigene Einlage zu einem Bankconto kommen kann.

Der gesammte Metallvorrath der Bank ist daher gleich dem Betrage von baaren Zahlungsmitteln, über welche jeder Theilnehmer in jedem Augenblicke nach dem Stande seines Geschäftes verfügen kann.

Die Theilnehmer können ihre Einlagen nach Belieben herausziehen, erhalten aber keine Verzinsung.

Die Kosten des Bankgeschäftes werden durch einen kleinen Abzug an der Einlage und eine geringe Procentgebühr für jede Umschreibung bestritten.

Eine ungleich vollkommenere Zahlungsorganisation als die Giro=
bank repräsentirt das Depositen=, Checks= und Clearinggeschäft, worüber
nach Schäffle folgende Sätze hier die geeignete Anführung finden
mögen. Unter Depositen oder comptos courants nach jetziger Bank=
sprache wird in den meisten Fällen verstanden werden: die Uebertragung und
Ueberweisung von Baargeld und von gelbwerthen Forderungen an den
Bankier, welcher den Eincassirer, wie den Cassenbewahrer macht. Dafür
stellen dann die deponirenden Kunden der Bank Zahlungsmandate auf
den Bankier als Depositar aus, so daß dieser, wie Einnehmer und
Cassenhalter, so auch Generalzahlmeister wird. Diese Zahlungsmandate
oder Zahlungsanweisungen an Banken und Bankiers heißen Checks.

Durch Depots und Checks begründet sich so ein Verhältniß lau=
fender Rechnung von Hat und Soll, Einnahmen von dem — und
Zahlung für den Bankkunden — ein Contocorrent.

An und für sich liegt nun in der Checkszahlung nur insoferne
eine wirthschaftlichere Gestaltung des Zahlungsdienstes, als die tau=
senderlei Privatcassen auf ein Minimum sich reduciren, und soferne
der Bankier der concentrirten und gleichmäßigen Zahlungsfunktion mittelst
einer kleineren Cassenhaltung gewachsen ist, als sie von den isolirten
Cassen der Kunden zusammen gehalten werden müßte. An der Aus=
zahlungssumme selbst wird nicht erspart; denn statt der Bankdeponenten
zahlt der Bankdepositar den Gläubigern der Bankdeponenten auf die
Checks.

Anders wird dies, sobald dem Depositar ein Inhaber gegenüber
tritt, der nicht Baarzahlung verlangt, sondern vermöge eines zweiten
Check Compensation anbietet. Ein solcher Inhaber kann aber nur
wieder ein Bankier sein und dies ist es, was die Engländer durch das
crossing der Checks und durch die Organisation des Clearing=Houses
erreichen.

Der crossed check ist ein Zahlungsmandat, welches durch Be=
zeichnung einer bestimmten Firma oder wenigstens durch den Beisatz
— — & Cpie nur von einer Bankfirma zur Zahlung präsentirt
werden kann. Darin liegt einmal eine gewisse Garantie der Respec=
tabilität des Zahlungsempfängers. Weit bedeutender ist aber die Folge,
daß nun das Zahlungempfangen und das Zahlungleisten auf Bankiers
sich concentrirt. Dem Bankier X, welcher Checks der Bankkunden

A, B, C des Y zur Zahlung präsentirt, kann der zahlungspflichtige Bankier Y Checks der Bankkunden D, E, F präsentiren, deren Honorirung dem Bankier X obliegt. Nun compensiren sie ohne Geldverbrauch ihre beiderseitigen Forderungen.

Eine großartige Organisation der Zahlung durch Compensation (hauptsächlich der Checks) sind nun die Clearing-Häuser. Seit ungefähr 1780 hatte sich in London die Gewohnheit gebildet, daß die Commis der respectabelsten Barkfirmen täglich zur Compensation der wechselseitigen Forderungen in Einem Locale zusammentreten, um das zeitraubende und lästige Umherrennen Aller zum Incasso zu ersparen. Nur die bei der Compensation übrig bleibenden Saldi, vielleicht nicht 5%, sämmtlicher abgeglichener Forderungen, wurden in klingender Münze oder in Noten der Bank von England hinausbezahlt.

§. 36.

β. Wechselbanken.

Wechselbanken sind solche Banken, welche Wechsel ankaufen nicht des Wiederverkaufs wegen, sondern um die später fällig werdende Wechselvaluta selbst einzuziehen anstatt des Wechselinhabers. Dieses Geschäft heißt Discontogeschäft. Es liegt im Interesse des Credits der Bank, daß nur solche Wechsel discontirt werden können, die nach höchstens drei Monaten fällig werden und drei gute Unterschriften tragen.

Mit dem Discontogeschäft ist regelmäßig auch das sogenannte Depositengeschäft verbunden: Es nimmt nämlich die Bank Summen zur Verwahrung an, welche von den Besitzern nicht sofort anderweitig nutzbar verwendet werden können. Die Depositen werden entweder verzinslich oder unverzinslich angenommen. Es ist rathsam, daß mindestens nur ein geringer Zins eintrete, weil durch die im Falle der Gewährung eines höheren Zinses nothwendig werdenden Speculationen mit Hilfe der Depositen Gefahr für die Depositengläubiger und — eventuell — für die Zettelinhaber erwachsen.

§. 37.

γ. Leihbanken.

Leihbank ist jene Bank, welche Darlehen auf Faustpfand oder Hypothek gewährt. Neuerdings haben sich förmliche Geschäfte, Waarendocks, gebildet, welche auf verpfändete Handelswaaren leihen und deren Empfangsscheine oder Recepisse zum Schätzungsbetrage der Waaren selbst als Creditspapiere umlaufen.

Die Darlehen auf Liegenschaften werden entweder in gewöhnlicher Weise nach jedesmaliger Verabredung oder aber in einem Zuschlage zu den jährlichen Zinsen, d. h. in Annuitäten heimgezahlt.

Eine eigenthümliche Art von Hypothekarpfandbriefen bilden in neuerer Zeit die sogenannten Prioritätsactien von Eisenbahngesellschaften, welche an Gewinn und Verlust der Unternehmung nicht participiren, aber an deren Erfolge insofern betheiligt sind, als sie aus den Erträgnissen verzinst und heimgezahlt werden.

§. 38.

δ. Zettelbanken.

Zettelbanken sind jene Banken, welche den Zahlungsmittelbedarf für das Land beschaffen. Es handeln also dieselben mit Geld und zwar entweder mit Metallgeld oder mit dessen Stellvertreter, mit Zetteln oder Noten, welche auf eine bestimmte runde Summe lauten und wie baares Geld im Verkehre circuliren. Jeder Zettel repräsentirt eine Schuld der Bank an den Inhaber.

Eine Zettelbank kann vom Staate oder von Privatpersonen, Einzelnen oder Mehreren zusammen (Actienbanken) verwaltet werden. Den Zetteln muß ein sicherer Werthboden gegeben werden durch die jedesmalige Einlösbarkeit des Papiergeldes gegen Metallgeld zum vollen Nennwerth, die sogenannte Convertibilität des Papiergeldes, wodurch Staats- und Banknoten lediglich Geldsurrogate werden. Hiefür wird gesorgt durch Bereithaltung eines Metallgeldfonds bei der Staatscasse oder Bank, welcher groß genug ist, um die muthmaßlich größte Summe

Papiergeld einzulösen (in Metall zu „convertiren"), welche, vor Herbeischaffung weiterer barer Geldmittel, jemals sich zur Einlösungscasse herbeidrängen kann.

Die letztere wird niemals die ganze Summe des ausgegebenen Papiergeldes in Baargeld enthalten; sie hätte sonst aus der Emission von Geldzeichen baaren Verlust. Welche Quote aber nöthig sei, um Sicherheit zu geben, läßt sich allgemein nicht feststellen. Zwar ist es eine Ueberlieferung, daß für Banknoten eine baare Drittelsdeckung genüge, d. h. daß die jederzeitige Einlösbarkeit sicher gestellt sei, wenn ein Baarvorrath, gleich einem Drittheil des Nennwerths der umlaufenden Noten im Bankgewölbe liege. Allein schon die Erfahrung widerstreitet dem.

Eine Finanzverwaltung, welche bei gutem Finanzzustande und bei großem Cassenverkehr mit dem Publikum nicht mehr Scheine ausgibt, als jener Verkehr für sich allein bedarf, kann sich mit einem kleinen Einlösungsfond begnügen, ja sie braucht vielleicht gar keinen, kann sogar der Baareinlösungsverpflichtung sich entschlagen, indem sie lediglich Annahme an Zahlungsstatt bei den öffentlichen Cassen ausspricht (Cassenscheine, Cassenanweisungen). Es genügt auszusprechen, daß der Staat das Papiergeld an Zahlungsstatt annehme (Steuerfundation) und bei jeder seiner Cassen, so weit die baaren Mittel reichen, sogleich, jedenfalls aber binnen einer aufs Kürzeste bemessenen Baaranschaffungsfrist, einlösen werde.

Wenn aber größere Papiergeld- oder Banknotensummen in Umlauf gesetzt werden, so hängt wiederum Alles in erster Linie von dem guten Finanzstand und der Sicherheit des Staates oder von dem soliden Haushalt der Bank ab, namentlich aber auch davon, ob die Mittel des Staates oder der Bank schnell zur Papiereinlösung flüssig gemacht werden können. Es kommt also sehr viel auf die Art des der Papiergeldschuld zur Deckung dienenden Vermögens an.

Als Activbankvermögen sind sichere Wechsel von kurzer Verfallzeit der beste Inhalt im Portefeuille einer Notenbank. Man findet daher auch vielfach die statutarische und gesetzliche Bestimmung, daß eine Notenbank die ausgegebenen Noten zu $\frac{1}{3}$ durch Metallgeld, zu $\frac{2}{3}$ durch kurzfällige Wechsel mit zwei bis drei „guten Unterschriften" decke.

Concurrirende Zettelbanken (Zettel=Bankfreiheit) üben gegen einander eine wirksame Controle und sind allem Anscheine nach genöthigt, zusammen mehr Baarfonds zu halten, als Eine privilegirte Notenbank; denn sie werden sich wechselseitig durch Einlösungspräsentationen im Zaume halten und können es weniger auf die mit Baarvorrathserschöpfungen verbundenen rücksichtslosen Discontoerhöhungen ankommen lassen, da sie außerdem ihre Kundschaft verlieren.

Papiergeld — im Gegensatz zu den Geldsurrogaten — sind nur uneinlösbare Staatsnoten oder Banknoten, welche mit Zwangscours ausgestattet sind.

Das eigentliche Papiergeld constituirt einen zweiten selbstständigen Werthmesser neben der Münzvaluta, schließt also den Zustand einer Doppelwährung in sich.

Die Valuta kann sogar eine dreifache sein, wenn zweierlei selbstständige Papiervaluten (Staatspapiergeld und Bankpapiergeld) zur Metallvaluta hinzu kommen.

Der Gebrauch uneinlösbaren und gleichwohl mit Zwangscours bekleideten Creditgeldes ist vom Mißcredit fast unzertrennlich.

Einlösbare Münzgeldsurrogate folgen in ihrem Werthe dem allgemeinen Geldwerth, weil sie keine selbstständige Valuta, sondern nur Surrogat der Metallvaluta sind; eigentliches Papiergeld aber ist als zweite selbstständige Valuta der Gefahr einer gesonderten rapiden Entwerthung ausgesetzt.

§. 39.
Der Markt für den Handel mit Creditpapieren oder die Börse,
Anhang zu §§. 32—38.

Die Börse ist die marktmäßige Organisation des Handels mit Creditgütern.

Man unterscheidet an der Börse zwei Parteien: Haussier, die ein Steigen im Course eines Creditgutes erwarten, und daher kaufen, und Baissier, welche verkaufen, da sie ein Fallen der Course besorgen.

Die wichtigsten Börsengeschäfte sind folgende: Baarkäufe, wenn sofort nach Kaufsabschluß das Papier übergeben und der Preis bezahlt wird; Lieferungskäufe, wenn die Uebergabe des Creditgutes und die Zahlung desselben erst nach einer bestimmten oder unbestimmten Frist erfolgen soll; Differenzgeschäfte, wenn nicht der wirkliche Vollzug des Kaufes, sondern nur die Auszahlung des Gewinnes nach dem Unterschied des Courses vom verabredeten Kaufpreise bezahlt wird; Prämiengeschäfte, wenn eine Partei sich ausbedingt, gegen Zahlung einer Prämie oder Entschädigung vom Kaufe zurücktreten zu dürfen; Reportgeschäfte, wenn der Vollzug eines abgeschlossenen Kaufes nach Ablauf der verabredeten Lieferungsfrist noch hinausgeschoben wird. Es ist dieses ein Creditiren des Kaufspreises, wofür eine Vergütung als Zins (report) zu entrichten ist. Der Report steht in der Regel auf gleicher Höhe mit dem Discont.

Das Seitenstück zum Report ist der Deport. Wenn nämlich der Verkäufer zur Lieferungszeit die zu liefernden Papiere nicht hat, so borgt er sie von einem Anderen mittelst eines Scheinkaufs mit verabredetem Wiederverkauf um niedrigeren Preis (er kauft z. B. um 99 und verkauft sie wieder um $98^1/_2$).

Der Report ist sonach ein versteckter Darlehenszins, der Deport ein versteckter Miethzins; jener wird vom Haussier, dieser vom Baissier entrichtet. Die Bedingung des Gewinnes ist für jenen, daß der Cours höher steigt, als der Report beträgt; für diesen, daß er um mehr als den Betrag des Deport sinkt, damit jener um so viel theurer verkaufen, dieser um so wohlfeiler kaufen kann.

Der Nutzen der Börsengeschäfte besteht zunächst darin, das sie einen geordneten sicheren Markt für die Creditpapiere schaffen und dadurch einen festen einheitlichen Werth und Marktpreis derselben ermöglichen; ferner entheben sie den Capitalisten der Mühe eigener Berechnung und Nachforschung; sie geben ein Criterium für die Beurtheilung des Staats- und Unternehmungs-Credits; sie bilden einen belebten, mit großer Sorgfalt und Intelligenz überwachten Capitalmarkt.

Der Schaden, den die Börse als Kehrseite der aufgezählten Vortheile erzeugen kann, besteht darin, daß sie unter Umständen zum Tummelplatz leidenschaftlicher Reichthumsjagd und krankhafter Spekulation ausartet, daß sie durch unsittliche Künste, oft gerade durch List und Betrug (Börsenenten), das natürliche Steigen und Fallen der Course verdrängt; daß man nicht selten aus der Leichtgläubigkeit und aus dem Irrthum Anderer Gewinn zu ziehen sucht, anstatt aus der

Capitalanlage in den Unternehmungen, weshalb der entartete Börsen=
handel ein widernatürliches Schauspiel von Spiel und Wette und ein
System von unfruchtbaren Besitzwechseln repräsentirt, wodurch eine
Menge von Capital, Zeit und Kraft vergeudet und von wahrhaft
produktiven Beschäftigungen abgezogen wird. Der Einfluß der Börsen=
welt (der haute finance) hat es sogar dahin gebracht, das allgemeine
Vertrauen in den Bestand der Staaten und die Blüthe der Industrie
zu beherrschen und durch die Coursnotirungen an der Börse eine
selbstsüchtige Critik über Regierungsmaßnahmen und wirthschaftliche
Unternehmungen auszuüben.

Drittes Kapitel.

Das Tauschverhältniß im Güterumlauf.

§. 40.

**1. Die Bestimmungsgründe des Tauschverhältnisses im Güterum=
laufe im Allgemeinen, Marktpreis und nothwendiger Preis *).**

Das Tauschverhältniß im Güterumlaufe drückt sich in den Preisen
der Waaren aus.

Preis einer Waare nennt Roscher den Tauschwerth derselben,
ausgedrückt in dem Quantum einer bestimmten anderen Waare, das
dafür eingetauscht werden kann. Für jede Waare sind ebenso viel
verschiedene Preisbestimmungen möglich, wie verschiedene andere Waaren
mit ihr verglichen werden können. Man denkt jedoch, wo schlechthin
von Preis die Rede ist, vorzugsweise an die Vergleichung des abzu=
schätzenden Gutes mit der circulationsfähigsten, currentesten Waare des
Ortes und Zeitraumes, — dem Geld.

In der Regel wird das Preisverhältniß zweier Waaren zunächst
bestimmt durch ihr Verhältniß von Nachfrage und Ausgebot. Wir
untersuchen daher, von welchen tiefer liegenden Verhältnissen Ausgebot
und Nachfrage selbst abhängen. Da bilden denn beim Käufer der

---

*) Vergl. besonders Roscher, a. a. O., §. 100 ff.

Gebrauchswerth der Waare und seine eigene Zahlungsfähigkeit die Maximalgrenze des Preises, die aber auf die anderweitigen Anschaffungskosten ermäßigt werden kann; beim Verkäufer bilden die Produktionskosten die Minimalgrenze, die sich aber auf die anderweitigen Anschaffungskosten für den Käufer ausdehnen läßt.

Der durch das Verhältniß zwischen Angebot und Nachfrage bestimmte Preis heißt der Marktpreis; der durch die Produktionskosten normirte Preis wird der nothwendige Preis genannt.

Die Kosten eines Gutes bestehen *): a) in den Lohnauslagen für das erzeugte Sachgut, b) in den Auslagen, d. h. in dem Aufwand an umlaufendem Capital, z. B. für verwendete Roh- und Hilfsstoffe, c) in dem Ersatz der Abnutzungen des stehenden Capitales, deren Werth in das Produkt übegegangen ist.

In a—c werden die Kostenbestandtheile nach gewöhnlicher Aufzählung gefunden. Gewiß aber würde die Produktion aufhören, wenn der Marktpreis nur sie vergütete. Der Marktpreis der Sachgüter muß weiter vergüten: d) die Arbeit, welche der Unternehmer selbst gleich einem Lohngehilfen leistet, er muß den Lohn eigener Arbeit enthalten; ferner e) nicht blos den Ersatz (b und c) des umlaufenden und des stehenden Capitals, sondern auch den land- und zeitüblichen Zins desselben und f) den durchschnittlich üblichen Unternehmergewinn (Vergütung der eigentlichen Unternehmermühe und Unternehmergefahr). Die Elemente d—f sind theils positive, theils negative wirthschaftliche Opfer, welche das Sachgut kostete und im Marktpreise vergüten muß, bei deren dauernder Nichtvergütung die Produktion aufhört; nur wenn man sie in die Kosten einrechnet, können die Kosten als natürlicher Schwerpunkt des Marktpreises bezeichnet werden.

Die gewöhnliche Buchhaltung und Calculation der Privatgeschäfte nimmt freilich die Elemente d und e nicht immer, wenigstens nicht immer vollständig und das Element f (Gewinn) regelmäßig nicht als Kostenbestandtheil in Anschlag. Dies erklärt sich aber daraus: daß wenigstens in größeren Geschäften die gemeine Arbeit des Geschäftsherrn zurücktritt, landläufiger Capitalzins und Unternehmermühe aber in dem den Kosten gegenüber gestellten Geschäftsgewinne vergolten gedacht werden.

---

*) Vergl. besonders Schäffle, a. a. O., §. 98.

2. Preistheorien *).

§. 41.

Güter von gleichen Reproduktionskosten (höchsten nothwendigen Reproduktionskosten) haben regelmäßig gleichen Tauschwerth. Steigt der Marktpreis hoch über die Kosten, so machen die Produzenten einen überlandesüblichen Gewinn. Das reizt sie an, durch Hereinziehung neuer Grundstücke, Arbeitskräfte oder Capitalien ihr Geschäft zu erweitern. Auch andere Unternehmer wenden sich diesem vortheilhaften Zweige zu. Solche Concurrenz vertheuert nicht blos die Produktionsmittel, sondern muß auch schließlich durch vermehrtes Ausgebot die Preise des Produkts auf die gewöhnliche Höhe des Gewinnsatzes, d. h. bis zum Gleichgewichte mit anderen Waaren erniedrigen. Jede Verringerung der Produktionskosten pflegt daher anfänglich den Produzenten, späterhin aber und nachhaltig den Consumenten zu Gute zu kommen. Sinkt der Marktpreis unter die Produktionskosten, so leidet der Produzent natürlich Verlust und pflegt sein Ausgebot so bald wie möglich zu vermindern.

Die meisten Güter werden zu gleicher Zeit, aber unter verschiedenen Umständen mit sehr verschiedenen Kosten produzirt. Um den Einfluß dieses Verhältnisses auf den Preis zu beurtheilen, unterscheiden wir solche Waaren, deren wohlfeilste Produktionsweise beliebig erweitert werden kann, und solche, wo zur Befriedigung des Gesammtbedarfes neben der wohlfeilsten Produktionsweise auch die theureren müssen zu Hilfe genommen werden. Im ersten Falle richtet sich der Preis natürlich nach den geringsten Produktionskosten. Wenn im zweiten Falle dasselbe Gesetz gelten würde, so würden die ungünstiger gestellten Produzenten alsbald vom Markte wegbleiben müssen; der Markt könnte dann nicht mehr zum vollen Bedarfe versehen werden, und der Preis der Waare müßte so lange steigen, bis die verscheuchten Produzenten wieder regelmäßig mitausbieten könnten. Hier also hängt der Preis auf die Dauer von demjenigen Kostenbetrage ab, welcher auf den unvortheilhaftesten, aber gleichwohl zur Befriedigung des Gesammtbedarfes noch unentbehrlichen Stellen nothwendig ist.

---

*) Nach Roscher, a. a. O., §. 107 ff.

Die Regel, daß Güter von gleichen Produktionskosten auch gleichen Tauschwerth haben, gilt natürlich nur insofern, als eine beliebige Uebertragung der Produktionsfactoren aus einem Zweige der Produktion in den andern möglich ist. Wo diese wahrhaft freie Concurrenz nicht besteht, da hängt der Preis lediglich ab von der Größe des Ausgebotes, verglichen mit dem Bedürfnisse und der Zahlungsfähigkeit der Käufer, und kann daher bald hoch über die Produktionskosten hinaussteigen (Monopolpreise), bald tief unter dieselben herabsinken (Nothpreise).

Keine Macht kann natürlich auf die Dauer den Preis einer Waare bestimmen, die nicht das Verhältniß von Ausgebot und Nachfrage derselben bestimmen kann. Darum sind directe obrigkeitliche Taxen nur insoferne ausführbar, als sie den Preis nicht etwa gegen die Natur anbefehlen, sondern nur gemäß den natürlichen Verhältnissen unzweifelhaft ausdrücken wollen.

§. 42.

3. Preiswechsel *).

Die beiden Factoren des Preises, Bedürfniß und Gütermenge in ihrer Gegenüberstellung ändern sich. Es ist daher ein beständiger Preiswechsel nothwendig.

In vielen Fällen wird die Schnelligkeit des Preiswechsels dadurch gemildert, daß der erhöhte Werth eine vermehrte Menge Befriedigungsmittel auf den Markt lockt und eine Anzahl Käufer, die zur betreffenden Werthhöhe keine Kauffraft besitzen, davon vertreibt und umgekehrt. Dies trifft jedoch nur in sehr beschränktem Maße zu bei der Werthbewegung der absolut nothwendigen Befriedigungsmittel; mit jedem Grad weiter wird die Quantität des Bedarfes spröder, und der Werth steigt und fällt progressiv. Hier sind die Preiswechsel um so schroffer, mit je weniger Schnelligkeit und Leichtigkeit einerseits die Nacherzeugung und Vermehrung der Angebotmasse erfolgen und je weniger andererseits die Bedarfsmasse ausgedehnt oder zusammengezogen oder aufgeschoben werden kann.

---

*) Nach Schäffle, a. a. O., §. 90.

Man hat als wohlbegründete Erfahrungsthatsache den Satz aufgestellt, daß der Werth der unentbehrlichen Befriedigungsmittel nicht blos in arithmetischer, sondern in geometrischer Progression der Verminderung oder der Vermehrung der Angebotsmasse steige oder falle (sogenante Regel des Gregory King).

In Ansehung der Preisgeschichte der vornehmsten Lebensbedürfnisse stellt Roscher folgende Hauptsätze auf *):

Je höher sich die Volkswirthschaft entwickelt, um so theurer pflegen verhältnißmäßig alle solche Güter zu werden, bei deren Hervorbringung der Factor der tauschwerthen Natur überwiegt; um so wohlfeiler dagegen solche, bei denen Arbeit und Capital die produktive Hauptrolle spielen. Dies erklärt sich nicht allein aus der fast unbeschränkten Vermehrbarkeit von Arbeiten und Capitalien, während die tauschwerthen Naturkräfte so wenig vermehrt werden können; sondern auch hauptsächlich daher, daß jeder neue Arbeits- und Capitalzusatz in der Rohproduktion einen verhältnißmäßig kleineren, im Gewerbfleiß und Handel aber einen größeren Ertrag zu bewirken pflegt. Aus dem Preisverhältnisse der verschiedenen Waarenklassen unter einander lassen sich deshalb für die Kulturstufe, die ein Land erstiegen hat, sehr bedeutende Schlüsse ziehen. Ebenso erklärt es sich aus dem obigen Gesetze, warum jugendliche, wenig entwickelte Völker, wo natürlich die Rohproduktion überwiegt, ihre Gewerb- und Handelsverhältnisse am liebsten gerade von den allerhöchst kultivirten fremden Völkern beziehen. Die letzteren sind im Stande und gewohnt, für eine geforderte Menge von Rohstoffen die bedeutendste Menge und Güte von Fabrikaten hinzugeben; dasselbe natürlich umgekehrt. Es treten also in diesem Verkehre das dringendste Bedürfniß und die vollständigste, leichteste Möglichkeit der Befriedigung einander gegenüber. Nur sehr hoch kultivirte Mutterländer können heute Kolonien festhalten.

---

*) Vergl. Roscher, a. a. O., §. 130.

Drittes Buch.
Lehre von der Vertheilung der Güter.*)

Erstes Kapitel.
Das Einkommen im Allgemeinen.

§. 43.

1. Begriff des Einkommens, besonders im Unterschiede von Einnahme und Ertrag.

Der Begriff Einnahme umfaßt alle Güter, die innerhalb einer gewissen Periode neu ins Vermögen treten; Einkommen dagegen nur solche Einnahmen, die aus einer wirthschaftlichen Thätigkeit herrühren. Ertrag ist Einkommen vom Standpunkte nicht des wirthschaftenden Subjectes, sondern der Wirthschaft selbst oder des bewirthschafteten Objectes angesehen.

§. 44.

2. Die einzelnen Beträge in jedem Einkommen.

Bei jedem Einkommen läßt sich der rohe, der reine und der freie Betrag unterscheiden. Das rohe Einkommen z. B. eines Jahres besteht aus sämmtlichen Gütern, welche die Wirthschaft im Verlaufe

---

*) Wir schließen uns wesentlich an Roscher's und Schäffle's einschlägige classische Darstellung an.

desselben neu produzirt hat. Das reine Einkommen ist derjenige Theil hievon, der nach Abzug der Produktionskosten übrig bleibt. Freies Einkommen nennt man denjenigen Theil des reinen, welcher nach Befriedigung der unentbehrlichen Bedürfnisse des Produzenten noch verfügbar ist.

§. 45.

3. Die Zweige des Einkommens.

Wie das Volkseinkommen nach den drei großen Factoren jeder wirthschaftlichen Produktion in drei große Zweige zerfällt, Grundrente, Capitalzins, Arbeitslohn, so läßt sich auch das Einkommen jeder selbstständigen Privatwirthschaft auf einen oder mehrere dieser Zweige zurückführen.

Zweites Kapitel.

Grundrente.

§. 46.

1. Begriff und Entstehung der Grundrente.

Bodenprodukte von gleicher Menge und Güte werden auf Grundstücken von ungleicher Fruchtbarkeit auch bei gleicher Geschicklichkeit des Wirthes mit sehr verschiedenem Capital- und Arbeitsaufwande produzirt. Und doch ist ihr Preis auf demselben Markte regelmäßig derselbe. Er steht, unter Voraussetzung freier und richtig rechnender Concurrenz, auf die Dauer mindestens so hoch, daß auch auf dem unfruchtbarsten Boden, welcher gleichwohl zur Befriedigung des Gesammtbedarfes mitbestellt werden muß, die Kosten vergolten werden. Solcher unfruchtbarste Boden braucht keine Rente abzuwerfen. Der bessere, welcher bei Anwendung gleicher Capital- und Arbeitsmenge einen größeren Ertrag liefert, gewährt einen Ueberschuß über die Produktionskosten. Dieser Ueberschuß ist die Grundrente.

Die Gunst der Lage eines Grundstückes wirkt fast in jeder volkswirthschaftlichen Beziehung ähnlich wie die Fruchtbarkeit.

Auf nahezu die gleiche Weise muß die Lage des einzelnen Grundstückes gegenüber seinen Wirthschaftsgebäuden wirken.

§. 47.

2. Die Höhe der Grundrente.

Die Grundrente eines Volkes ist wenigstens gleich der Summe aller Differenzen zwischen dem Ertrage der unergiebigsten Capitalien, welche im Landbau angelegt werden müssen, und dem Ertrage der von andern Wirthen ergiebiger angelegten. Höher kann sie steigen: durch monopolistische Verabredung der Grundherren, unmäßige Concurrenz der Pächter, welche gezwungen werden, einen Theil ihres Arbeitslohnes und Capitalzinses an jene abzutreten; aber nie kann sie dauernd unter jenen Betrag herabsinken.

Eine hohe Grundrente ist nicht die Ursache, sondern die Wirkung verhältnißmäßig hoher Getreidepreise.

Da der Kauf eines Grundstückes nichts Anderes ist, als der Eintausch desselben gegen ein Geldcapital, so hängt der Kaufpreis eines Grundstückes im Allgemeinen von der Höhe seiner Rente, verglichen mit dem Zinse des dafür hinzugebenden Capitals, ab.

Bei armen und niedrig kultivirten Völkern, zumal wo die Population noch dünn ist, pflegt die Grundrente niedrig zu stehen.

Die steigende Kultur pflegt zur Erhöhung der Rente beizutragen.

Ist die Volkswirthschaft im Sinken begriffen, etwa durch Kriege, so beginnt in der Regel das Sinken der Rente auf den minder fruchtbaren und schlechter gelegenen Grundstücken.

§. 48.

3. Gemeinnützige Bedeutung der Grundrente.

In der Grundrente ist zunächst — wie Schäffle sich ausdrückt — die beharrliche Existenz freier, für die höheren, „freien" Gesittungsbedürfnisse verfügbarer Mittel gesichert.

Die Renten verleihen die Kraft, über das Nothwendige hinaus zu verzehren, freie Bedürfnisse zu befriedigen, der Verzehrung wie der

Erzeugung die Richtung auf das Schöne, Angenehme, Bequeme, Bildende, auf gemeinnützige Zwecke aller Art zu geben.

Ungleich bedeutsamer noch ist es — nach Roscher —, wie jede hoch gestiegene Grundrente das Volk abhält, den Boden unwirthschaftlicher Weise zu mißbrauchen, wie sie zu passender Zonenbildung um die Verkehrsmittelpunkte, zur Verbesserung der Transportmittel, unter Umständen sogar zur Kolonisirung zwingt, während sonst die Trägheit sich leicht mit unmäßigster Zusammenhäufung der Menschen befreunden würde.

Drittes Kapitel.
Capitalzins.
§. 49.

1. Begriff des Capitalzinses.

Zins ist Preis der überlassenen Nutzung fremden Capitals; es bildet derselbe einen Antheil am Reinertrag aus der Capitalnutzung.

Fremdartige Elemente im Zinse sind die in ihm sich verhüllende Rente, Ersatz der Abnutzung und Vergütung des Risicos.

§. 50.

2. Der laufende Marktpreis der überlassenen Capitalnutzung.

Der laufende Marktpreis überlassener Capitalien wird bestimmt durch das Verhältniß zwischen Angebot und Nachfrage. Dies hängt ab von der Ergiebigkeit der Nationalproduktion, vom Vertrag der Capitalisten und von der Entwerthung des Credit- und Bankwesens.

Es ist also der Zins in gesitteteren Zeiten niedriger.

Die Nachfrage hängt ab:

vom Anfang der Unternehmungslust, von der Art der öffentlichen Zustände und von dem Maße der Aussicht auf Gewinn.

Demgemäß steigt der Zins mit dem Umfang der Unternehmungslust.

Der Wechselwirkungsproceß zwischen Geld als dem Kaufmittel aller Produktivmittel und dem Nutzungspreise der letzteren gestaltet sich in folgender Weise.

Es findet statt:

starke Anhäufung des Tauschmittels, dann Aufsteigung desselben in den Verkehr nach allen Richtungen durch Mobilmachung der Produktivmittel.

Es tritt ein — erhöhter Zins.

Wenn die Wahl der Unternehmung richtig war, dann bleiben die im Verkehr aufgesogenen Geldmittel im Umlauf.

Wurde unglücklich unternommen oder störten große äußere Anlässe die stetige Produktivrichtung, so treten die Geldmittel aus dem Verkehr in die Vorrathcassen.

Der Zins sinkt.

§. 51.

3. Die Richtpunkte des Zinses auf die Dauer und die Minimal- und Maximalgrenze desselben.

Der Zins hat auf die Dauer die Tendenz zum Sinken, denn: die in Bildung und Darleihung von Capitalien liegenden persönlichen Gefahren — als werthbestimmend — kosten um so weniger Ueberwindung, je reicher ein Volk schon ist, je größer das Einkommen wird, je mehr man die Sicherheit der Zukunft auf Grundlage von Leihcapitalien einsehen lernt.

Jede Aufrechthaltung dieser Tendenz ist vorübergehend.

Die Minimalgrenze des Zinses ist die: der Zins kann nicht gegen den Nullpunkt sinken, weil sonst Erstarrung des Capitalisirungstriebes oder Capitalverzehrung sich ereigneten oder nur Schwindelunternehmungen sich ermöglichten.

Die Maximalgrenze des Zinses wird bestimmt durch die Größe von Reinertrag des Leihcapitals für den beliehenen Unternehmer.

§. 52.

4. Gesetz der Zinsfußausgleichung für die verschiedenen Produktionszweige verschiedener Orte und Länder.

Das allgemeine Gesetz lautet: da der Capitalzinsfuß nach den produktivsten Anlagen sich richtet, so geht die Tendenz des reinen

Zinses nach gleichem Niveau. Scheinbare Ausnahmen bilden jene Zins=
fußdifferenzen, welche beruhen auf dem Unterschiede des Risicos oder
dem Unterschiede in der Art der Wiedererstattung des Capitalstammes
oder in Betrieben mit vorherrschendem umlaufendem Capital und mit
vorherschendem fixem Capital.

Wirkliche Ausnahmen beruhen auf besonderen Hindernissen des
ausgleichenden Ab= und Zuflusses der Capitalien.

§. 53.

5. Begriff, Geschichte und Critik der Wuchergesetzgebung.

Auf niedriger Kulturstufe pflegt gänzliches Verbot des Zinsen=
nehmens statt zu finden; so im christlichen Mittelalter. Später ge=
stattete die Kirche das verzinsliche Anlehen in verdeckter Form,
namentlich in der Form von Rent= und Giltkauf, d. i. der Ein=
räumung der an einem Gute haftenden Jahresrente, sowie der Satzung,
d. i. der Ueberlassung eines Grundstückes zur Nutznießung an den
Gläubiger. Endlich beliebte der Staat Zinstaxen oder Zinsmaxima,
welche aber gleichfalls als unhaltbar sich erwiesen.

Das Zinsnehmen ist absolut berechtigt.

Die Zinselemente sind der Lohn und die Kostenvergütung für
Capitalverwaltung, sodann die Risicoprämie und endlich der Nutzungs=
preis oder Antheil am Capitalertrag.

Das erste Element erscheint als unbedeutend; in Ansehung des
zweiten Elements ist ein Verbot ungerecht und eine Taxirung un=
möglich; das dritte Element rechtfertigt sich als Preis der Enthalt=
samkeit, da der Capitalist sein Vermögen angenehm verzehren könnte,
— oder als Vergütung, indem der Capitalist sein Vermögen selbst
produktiv zu verwenden vermöchte.

§. 54.

**6. Einfluß des reinen Zinsfußes und des Risicos auf den Cours ver=
zinslicher Forderungen, im Besonderen auf den Wechselcours.**

Die diesfalls geltenden Sätze sind zunächst im Allgemeinen
olgende:

Die auf eine feste Verzinsung gestellten unkündbaren Forderungen fallen bei gleichem Risico, wenn der allgemeine Zinsfuß steigt.

Je größer das Risico, desto geringer der Cours, und umgekehrt.

Fonds fallen im Maße der Erschütterung des Staatscredits.

Die Nähe einer Pariverlosung geringprocentiger Papiere hebt den Unterparicours.

Der Verwaltungszwang zur Anlage von öffentlichen und Pupillencapitalien in heimischen Fonds steigert der letzteren Cours mit der Nachfrage.

Die Nähe neuer Anleihen und Nothverkäufe drücken den Cours.

Coursschwankungen sind stärker bei Spielpapieren in Händen von Börsianern, als bei Papieren fester Anlage in Händen von Leihcapitalisten.

Die wichtigsten der hieher gehörigen Sätze in Ansehung der Wechsel sind im Besonderen folgende:

Wechsel sind gesucht für Anlegung von Capitalien auf kurze Zeit und zu Zahlungen für auswärtige Plätze.

Schwankungen im Course der Wechsel sind in bestimmte Schwankungsgrenzen eingeschlossen. Diese Schwankungsgrenzen bilden die Baarversendungsbeträge, beziehungsweise die Baarbezugskostenbeträge.

Eine Ueberspringung solcher Grenzen findet statt, wenn eine Panik schnelle Versilberung fordert; ferner — allerdings im Grunde genommen nur scheinbar — bei Entwerthung der Papiervaluta und bei Münzfußverschlechterung, in welchem Falle die Abweichung vom Pari der legalen Währung durch das Agio gesteigert wird, sowie zwischen einem Platz mit Gold- und einem Platz mit Silberwährung, wenn der Werth beider Metalle sich gegen einander verändert.

Viertes Kapitel.

Arbeitslohn.

§. 55.

1. Begriff und Elemente des Arbeitslohnes im Allgemeinen und des Unternehmergewinnes im Besonderen.

Der Lohn ist Preis der überlassenen Arbeit, indem der Arbeiter die Frucht seiner Arbeit, wie der Leihcapitalist die der Vermögensnutzung, an den Unternehmer verkauft.

Er ist theils Naturallohn, theils Geldlohn. Auch der Lohn ist nicht immer reiner Lohn. Es versteckt sich in ihm vielfach ein Ersatz von Capitalverbrauch, — auch eine Prämie der Gefahr für Leben und Gesundheit; — auch ein Rentenelement kann im Lohne enthalten sein.

Dem gemeinen Arbeitslohn pflegt der Unternehmergewinn gegenüber gestellt zu werden, d. i. der Ueberschuß des Erlöses eines Unternehmens über alle Ausgaben.

Der Unternehmergewinn ist nicht Lohn, denn er erscheint als Produkt nicht blos des Arbeitsvermögens; er ist nicht Zins, denn er erscheint als Produkt nicht blos des Capitalvermögens. Der Unternehmergewinn bedeutet Vergütung für die Opfer der Unternehmerthätigkeit, resp. eine Prämie für die der menschlichen Wirthschaft daraus erwachsenden Vortheile, daß in untheilbarer Combinirung von Güter- und Arbeitsvermögen der Unternehmer als solcher sich bethätigt.

Die aus der Unternehmerthätigkeit erwachsenden Vortheile bestehen namentlich darin, daß die Waarenpreise herabgehen, daß die Sicherheit in Ansehung der Qualität der Waaren für den Käufer sich steigert und latente Bedürfnisse geweckt werden.

Die Minimalgrenze des Unternehmergewinnes liegt in der Vergeltung der Opfer, welche aus der Einsetzung des Arbeits- und Capitalvermögens entstehen; die Maximalgrenze bildet die Höhe des aus der Unternehmerthätigkeit den Consumenten erwachsenden Gewinnes.

§. 56.

2. Minimalsatz des Lohnes, Lohnschwankungen, jederzeitiger Lohn und Lohnausgleichung.

Die Produktionskosten der Arbeit bestehen in dem herkömmlichen nothwendigen Unterhalt der Arbeiter und ihrer Familien. Der Preis der Arbeit eines erwachsenen Arbeiters muß also wenigstens decken: seinen eigenen Lebensunterhalt und den der durchschnittlichen Kopfzahl der Arbeiterfamilie, insoweit nicht Frauen= und Kinderarbeit ihn decken hilft.

Unter dem nothwendigen Bedarf zum Lebensunterhalt ist zu verstehen nicht blos das absolut Nothwendige (absolutes, thierisches Existenzminimum), was der Mensch auch im Naturzustand bedarf, sondern dasjenige, was nach Ort und Zeit und nach der Kultur eines Volkes für den mindesten Bedarf menschenwürdigen Daseins gilt, also der standesmäßig nothwendige Unterhaltsbedarf.

Sinkt der Lohn unter die standesmäßigen Unterhaltungskosten, so tritt Decimirung der Arbeiter ein; sie wandern aus, bis wieder das Arbeitsangebot so weit eingeschränkt ist, daß im Lohn der standesmäßige Lebensunterhalt gedeckt wird.

Steht der Lohn über den Kosten des standesmäßigen Unterhaltes, so drückt ihn die Bevölkerungsvermehrung herab.

Der jederzeitige Lohn wird bestimmt durch das Massenverhältniß des Arbeitsangebotes und der zahlungsfähigen Arbeitsnachfrage. Träger der zahlungsfähigen Nachfrage nach Arbeit ist vor Allem das erwerbslustige Capital. Der Marktgeldpreis der Arbeit und ihr Sachpreis wird also ein besonders hoher sein, wenn stark capitalisirt wird. Bei Capitalvergeudungen oder Capitaltodtlegungen findet das Umgekehrte statt.

Der Ausgleichung des Arbeitspreises in verschiedenen Erwerbszweigen tritt namentlich das Herkommen in seinen verschiedenen Gestalten entgegen.

Auch rechtliche Hindernisse können der Lohnausgleichung entgegenwirken: Zunftschranken, Mangel der Freizügigkeit und der Niederlassungsfreiheit.

§. 57.

3. Lohncoalitionen und Lohntaxen.

Lohncoalitionen sind theils Verabredungen der Arbeiter gegen die Lohnherren (strikes), theils Verabredungen der Lohnherren auf Erniedrigung des Arbeitslohnes. Da letztere nicht unterdrückt werden können, so wäre es ungerecht, erstere an sich zu verbieten. Eine Bestrafung der Arbeitseinstellung aber wäre ein Unrecht, so ungerecht, wie wenn man den Kaufmann, der durch Waareneinsperrung auf Preiserhöhung spekulirt, deshalb bestrafen wollte; dagegen sind natürlich alle Gewaltschritte der trades unions, um andere Arbeiter zu dem strike zu zwingen, strafbar.

Man darf die Lohncoalitionen der Arbeiter nicht aus einem beschränkt polizeilichen Standpunkt auffassen. Die Coalition ist ein Schutz, welchen die Arbeiter als Stand und Klasse für den Lohnkampf organisiren.

Lohntaxen, gesetzliche Maxima des Lohnes, jetzt fast überall abgeschafft, sind nicht nur ungerecht, sondern auch schädlich, da sie die Vermehrung des Volkscapitals und eines wohlhabenden Bürgerstandes verhindern.

Ebenso unnatürlich und schädlich wäre aber die Erfüllung des neueren Verlangens der Socialisten nach einem vom Staat garantirten Lohnminimum, nach der Garantie des „Rechtes auf Arbeit". Der Staat ist außer Stande, eine gewisse Lohnhöhe zu garantiren; er könnte den festen Lohnsatz höchstens eine Zeit lang gewähren, dadurch, daß er durch Zwangssteuern den Reichen das Volkscapital abpreßte und als Almosen unter die Arbeiter vertheilte.

Fünftes Kapitel.

Der Einfluß der Einkommenszweige auf die Waarenpreise, die Harmonie der Einkommenszweige, die Vertheilung des Nationaleinkommens.

§. 58.

1. Der Einfluß des Nationaleinkommens auf die Waarenpreise.

Jedes bedeutende Schwanken in dem Verhältnisse der drei Einkommenszweige unter einander muß entsprechende Schwankungen der Waarenpreise bewirken.

Wenn der Arbeitslohn dadurch höher wird, daß er eine höhere Quote des Nationaleinkommens verschlingt, so müssen diejenigen Waaren, bei deren Herstellung die unmittelbare menschliche Arbeit den überwiegenden Factor bildet, im Vergleich mit anderen theurer werden. Ob sich dies vorzugsweise gegen die Natur- oder Capitalprodukte geltend machen soll, hängt von den Ursachen der Arbeitsvertheuerung ab. So wird gewöhnlich eine starke Volksverminderung, Auswanderung ꝛc. beides erniedrigen, die Grundrente wie den Zinsfuß; eine außerordentliche Verbesserung der Landwirthschaft nur die erste, eine außerordentliche Capitalvermehrung nur den letzten. Der gewöhnlichste Hergang, daß nämlich das Wachsen der Volksmenge zu einer stärkeren Anspannung der Bodenkräfte nöthigt und dadurch sowohl die Grundrente steigert, als auch die Arbeit vertheuert, muß den Preis der Natur- und Arbeitserzeugnisse um so mehr gegen Capitalprodukte erhöhen, als ja der Zinsfuß auch positiv dadurch erniedrigt wird. Dann werden namentlich alle Maschinenprodukte verhältnißmäßig wohlfeiler, und zwar um so mehr, je dauerhafter die produzirende Maschine ist, je mehr also im Preise ihrer Leistungen der bloße Zins über die Abnutzungsvergütung vorwiegt.

Wenn einer von den drei großen Einkommenszweigen relativ gewachsen ist, d. h. also der betreffende Produktionsfactor verhältnißmäßig theurer geworden: so liegt es ebenso wohl im Interesse der

Unternehmer wie des Publikums, ihn wo möglich durch eine andere wohlfeilere Produktivkraft zu ersetzen.

Solche Aushilfen bietet nun ganz besonders auch der auswärtige Handel dar, jenes große Mittel der Arbeitsgliederung zwischen ganzen Völkern. Gar oft kommt es vor, daß die Unternehmer des einen Landes, wo ein gewisser Produktionsfactor zu theuer scheint, denselben anderswoher geradezu entlehnen. Also z. B. daß in ein Land mit hohem Lohne fremde Arbeiter, in ein anderes mit hohem Zinse fremde Capitalien gezogen werden.

§. 59.

2. Die Harmonie der Einkommenszweige.

Mit dem Steigen der volkswirthschaftlichen Kultur pflegt sich der persönliche Unterschied der drei Einkommenszweige immer schärfer auszubilden.

Die Verschiedenheit der Einkommenszweige begründet die Verschiedenheit wirthschaftlicher Klassen mit Klassensitte, d. h. Klassen mit einem Normalmaß von Bedürfniß und Genuß.

Jeder Stand, welcher einen Einkommenszweig vertritt, muß in dem Bewußtsein leben, daß sein Interesse mit dem der ganzen Volkswirthschaft zusammentrifft; wo das Volkseinkommen im Ganzen wächst, da kann jeder einzelne Zweig desselben ohne Schaden für die anderen wachsen, und wächst er in der Regel wirklich.

In jeder ruhigen Zeit gibt es eine öffentliche Meinung über Verdienst und Lohn, man könnte sagen: ein öffentliches Gewissen, wodurch ein bestimmtes Verhältniß der drei Einkommenszweige für „billig" erklärt wird. Jeder „Billigdenkende" fühlt sich mit seiner Verwirklichung zufrieden, und diese Zufriedenheit ist eine Hauptbedingung für das Gedeihen der Produktion, indem auf ihr die Theilnahme aller Fonds- und Kraftbesitzer beruhet. Jede Abweichung von solcher Billigkeit ist natürlich ein Unglück, aber am ärgsten, wenn sie auf Kosten des Arbeitslohnes erfolgt.

§. 60.

3. Die Vertheilung des Nationaleinkommens.

Wäre das Einkommen des Volkes in lauter gleiche Portionen getheilt, so wären die Einzelnen freilich in hohem Grade unabhängig von einander. Dann würde aber auch Niemand Lust haben, sich den gröberen, unangenehmeren Geschäften zu widmen; man müßte diese entweder ganz unverrichtet lassen, oder Allen aufbürden. Damit fiele also der Hauptnutzen der Arbeitstheilung weg, daß sich die höheren Talente ausschließlich mit höheren Arbeiten beschäftigen. Ebenso wenig könnte die Capitalersparung bei solcher Gleichheit gedeihen; die Meisten betrachten den Durchschnitt dessen, was ihres Gleichen auszugeben pflegen, als unvermeidliches Bedürfniß, und sparen nur insofern, als sie eben mehr besitzen. Derselbe Gedanke würde auch die meisten Menschen von jedem wirthschaftlichen Wagnisse zurückhalten; und doch ist kein bedeutender Fortschritt ohne Wagniß möglich.

Das extreme Gegentheil hievon, wo der Mittelstand verschwunden ist und die ganze Nation in wenige Ueberreiche und zahllose Proletarier zerfällt, nennen wir Geld=Oligarchie, mit der Kehrseite des Pauperismus. Eine solche Verfassung hat alles Harte der Aristokratie ohne deren milde Seiten. Statt der Menschen gelten blos die Capitalien.

Zur wirthschaftlichen Blüthe des Volkes kann eine Harmonie der großen, mittleren und kleinen Vermögen die unentbehrliche Voraussetzung heißen. Am besten, wenn das Mittlere dabei vorherrscht: „kein Bürger so reich, daß er die anderen kaufen könnte, und keiner so arm, daß er sich selbst verkaufen müßte". (J. J. Rousseau.)

Viertes Buch.
Lehre von der Consumtion.*)

Erstes Kapitel.

§. 61.
Das Wesen der Consumtion, besonders im Unterschiede von dem unabsichtlichen Werthuntergang.

Der Untergang der Werthe wird entweder absichtlich herbeigeführt, um dadurch mittelbar oder unmittelbar ein Bedürfniß zu befriedigen, oder erfolgt ohne solches absichtliches Zuthun. Die absichtliche Güterzerstörung nennt man Consumtion oder, insofern sie die unmittelbare oder mittelbare Befriedigung eines Bedürfnisses zum Zwecke hat, wirthschaftliche Verzehrung.

Die Gegenanstrengungen gegen den unabsichtlichen Werthuntergang nehmen eine dreifache Richtung. Sie äußern sich

a) in dem Streben einer zweckmäßigeren, solideren, dem Verderben minder ausgesetzten Gestaltung der herzustellenden Produkte;

b) in Vorkehrungen, um die hergestellten Produkte vor Zerstörungen zu schützen;

c) in Bemühungen, den Schaden, wenn er dennoch eintritt, durch gleichmäßigere Vertheilung über eine größere Zahl möglichst wenig empfindlich zu machen. Die Frucht der genannten Bemühungen

---

*) Wir verweisen namentlich auf die hieher gehörigen ausführlichen gediegenen Erörterungen Mangoldt's in dessen Grundriß.

ist das Versicherungswesen, das in der doppelten Form der gegenseitigen Versicherung und der Versicherungsunternehmung auftritt, jene mit wandelbaren, diese in der Regel mit festen Einsätzen. Die Versicherungsunternehmung muß im Allgemeinen als die vollkommnere Form gelten, sie ist aber nicht in allen Fällen durchführbar und setzt namentlich einen größeren Capitalreichthum voraus.

Zweites Kapitel.

§. 62.

Die Arten der Consumtion im Allgemeinen.

Die wirthschaftliche Consumtion ist eine unproduktive, wenn das Ergebniß in einer persönlichen Befriedigung besteht; sie wird als produktive oder häufiger als reproduktive bezeichnet, wenn das Ergebniß in neu entstandenen oder in ihrem Werthe erhöhten Gütern sich darstellen soll. In letzterem Falle sind die consumirten Werthe nichts Anderes, als der für die betreffende Produktion gemachte Aufwand an umlaufendem Capital, die Consumtion ist mit der Capitalauslage identisch.

Die zum Behufe der Produktion erfolgende oder reproduktive Consumtion ist eine gelungene oder eine produktive im engeren Sinne, wenn die neu erzielten Werthe größer sind, als die vernichteten; im entgegengesetzten Falle erscheint sie als eine mißlungene oder als eine unproduktive im engeren Sinne.

An die unproduktive Consumtion stellt die Wirthschaftslehre eine doppelte Forderung. Sie verwirft nämlich erstens jede Vergeudung, d. h. jede Consumtion, ohne welche der verfolgte Zweck ebenfalls vollständig erreicht werden kann, und gründet darauf die Forderung, daß die der Consumtion verfallenden Güter möglichst vollständig ausgenutzt werden. Sodann aber zweitens verlangt sie, daß die unproduktive Consumtion nicht auf Kosten der Befähigung zur Produktion erfolge.

Die Größe der unproduktiven Consumtion, d. h. das Verhältniß zu dem Einkommen der Wirthschaftenden, entscheidet über den

Fortschritt oder Rückschritt der Produktion insofern, als von ihr der Umfang, das Zu= und Abnehmen der Capitalkräfte, mit welchen man die Produktion zu unterstützen vermag, bedingt ist.

Die Richtung der unproduktiven Consumtion bestimmt wesentlich die der Produktion.

Eine plötzliche umfangreiche Veränderung in der Richtung der Consumtion wirkt in derselben Weise, wie eine Einschränkung derselben, störend und verlustbringend auf die Produktion.

Drittes Kapitel.

§. 63.

Der Luxus und dessen kulturgeschichtliche Bedeutung im Besonderen.

Die unter den Begriff des Luxus fallenden Consumtionen sind auf entbehrliche Genüsse gerichtet und es müssen die Mittel, die man für diese Consumtionen verwendet, dem freien Einkommen entnommen werden. Eine Luxusconsumtion ist objectiv unberechtigt, d. h. schädlich, wenn sie in ihrer Wirkung die Verfolgung des Lebenszweckes beeinträchtigt; sie ist subjectiv verwerflich, wenn ihre Urheber es an einer gewissenhaften Prüfung der relativen Wichtigkeit ihrer Bedürfnisse fehlen lassen.

Seinem Charakter nach unterscheidet sich der Luxus höherer Kulturstufen von dem niedrigerer namentlich durch größere Vielseitigkeit, Geistigkeit, Gleichmäßigkeit und Positivität der Zielpunkte.

Vielfach, insbesondere in den Zeiten, wo die Völker in weiter ausgedehnten und stärker zusammengeschlossenen Staatsformen die mittelalterliche Abgeschlossenheit durch eine freiere sociale Organisation und einen ausgebildeten Verkehr zu ersetzen streben, haben die Regierungen theils aus moralischen, theils aus ökonomischen Gründen es für geboten erachtet, gegen angebliche Verirrungen des Luxus einzuschreiten (Luxusgesetze).

Die kulturgeschichtliche Bedeutung des Luxus beruht darauf, daß er das Mittel ist, dessen sich die Vorsehung bedient, um das Leben der Völker auch auf dem Gebiete des Genießens auf höhere Stufen der Gesittung zu erheben, so lange und so weit jene nicht im Stande sind, diese Erhebung auf der Grundlage freier Selbsterkenntniß und Selbstbestimmung zu erreichen.

Fünftes Buch.

Bevölkerungslehre.*)

Erstes Kapitel.

§. 64.

Das Verhältniß zwischen wirthschaftlicher Entwicklung und Bevölkerungszunahme im Allgemeinen.

Kein Zweifel besteht darüber, daß die Ermöglichung eines intensiv und extensiv unendlich viel höheren Maßes menschlich persönlichen Daseins, als es jetzt erreicht worden, dem Wirthschaften der menschlichen Gesellschaft als Ziel und Aufgabe gesteckt ist.

Dieser frohe Glaube hat nicht immer die Nationalökonomie beseelt. Vielmehr hat sich, insbesondere im Anschluß an die Lehren eines edlen und persönlich höchst achtbaren englischen Oekonomisten — Malthus — eine sehr düstere Anschauung über die letzte Stufe der volks- und weltwirthschaftlichen Entwicklung geltend gemacht.

Zweites Kapitel.

§. 65.

Theorie des Malthus.

Malthus, welcher die Bevölkerungstheorie zuerst tiefer ausbildete, hat das Mißverhältniß der physischen und der wirthschaftlichen

---

*) Im Texte haben wir uns der ausgezeichneten Darstellung in Schäffle's Lehrbuch, S. 419 ff., angeschlossen.

Wachsthumsfähigkeit der Bevölkerung so ausgedrückt: daß in höher bevölkerten Ländern die Bevölkerungszahlen auf die Dauer in geometrischer, die Unterhaltungsmittel nur in arithmetischer Progression zu wachsen streben.

Die Malthusianer sagen Folgendes:

Die Bevölkerung habe Neigung, die Schranke der Subsistenzmittel zu mißachten und sich stärker zu vermehren, als sie die Unterhaltungsmittel zu steigern vermöge. Der Trieb sei mächtig und die Hoffnung der Verliebten stets rosig. Allein das Naturgesetz räche den Bruch, welcher in der „Uebervölkerung" liege. Es entstehen Mangel und Elend, Krankheit und Sterblichkeit, Verbrechen und Laster. Viele werden, was noch der günstigste Fall sei, sich veranlaßt sehen, aus der Heimat, welche sie nicht zu ernähren vermöge, auszuwandern. Bei einzelnen Völkern treibe das Mißverhältniß zu unnatürlichen Sitten: zur Kinderaussetzung (in Athen sogar von Sokrates nicht angefochten, in China noch heute gesetzlich erlaubt), zur Tödtung der Kranken und Gebrechlichen, im Alterthum und heute noch bei wilden Stämmen zum Sklavenverkauf, wie jetzt in Afrika, — zu Kriegs- und Raublust, wie in Europa zur Zeit der Völkerwanderung und noch jetzt in der ewigen Selbstbefehdung der wilden Stämme, welche meist wegen irgend einer Nahrungsquelle sich entzündet; die Menschenfresserei der Kannibalen sei ebenfalls eine Erscheinung, welche hierin zum Theil ihre wirthschaftliche Erklärung finde.

Das ganze Gemälde stets drohender Uebervölkerung erhielt durch das Grundrentengesetz nach der Ricardo'schen Formulirung ein noch düstereres Colorit.

Drittes Kapitel.

§. 66.

Critik des Malthusianismus.

Die mathematische Formel der geometrischen und der arithmetischen Progression im Satze des Malthus ist mit Recht angegriffen worden; denn mit gesteigertem Arbeits- und Capitalvermögen geht oft längere Zeit ein „geometrisch progressives Steigen" auch der Bodenfruchtbarkeit, nicht blos der Produktivität der gewerblichen Erzeugung vor sich.

Gleichwohl ist der Sinn dieser Formel, daß das physiologische Fortpflanzungsvermögen den Spielraum in Ausdehnung der Ernährungsfähigkeit überschreiten könne, ganz richtig. Ein dauerndes Schritthalten der ökonomischen Subsistenzfähigkeit mit der absoluten natürlichen Zeugungsfähigkeit ist doch nicht denkbar, da endlich auf der ganzen Erde buchstäblich der „Ellenbogenraum" ausgehen würde.

Ja schon viel früher können die Malthusianischen Befürchtungen sich verwirklichen und lange, bevor die höchste Bevölkerung der Erde erreicht ist, vermögen Störungen in dem harmonischen Wachsthum der Bevölkerung einzutreten.

Man braucht aber nicht aus der größeren physiologischen Vermehrungsfähigkeit die Nothwendigkeit ökonomischen Elendes abzuleiten, so sehr die Möglichkeit des letzteren zuzugeben und nur zu häufig Wirklichkeit geworden ist.

Die Bevölkerung ist, wie der einzelne Mensch, in ihrer Entwicklung ein Produkt zweier Factoren:

eines natürlichen, welcher als die persönliche physiologische Fortpflanzungsfähigkeit auftritt und auf die Schranken der äußeren Natur stößt,

und eines sittlich persönlichen, welcher einmal negativ den Drang des natürlichen menschlichen Vermehrungsvermögens zu beherrschen und positiv der äußeren Natur durch die Wirthschaft den möglichst großen Spielraum für beglückende Wirkung des natürlichen Vermehrungsvermögens zu erschließen hat.

Daß das natürliche Fortpflanzungsvermögen stärker wirken könnte, als das ökonomische Vermögen ihm nachzufolgen vermag, ist nicht schon eine Disharmonie, sondern begründet nur die Möglichkeit, nicht die Nothwendigkeit einer sich immer wiederholenden und einer letzten andauernden Verarmung.

Vielmehr ist die Stärke des physiologischen Fortpflanzungsvermögens selbst eine Wohlthat, sobald der sittliche freie Factor der Volksvermehrung die Wirkungen des natürlichen in den angemessenen

Schranken zu erhalten vermag. Denn es zeigt sich dann lediglich der Fortbestand und die Vermehrungsfähigkeit der Menschen von der physischen Seite gesichert; und die Bevölkerung selbst in ihrem jederzeitigen Bestande erscheint eben wie alles Menschliche, als Ergebniß des Kampfes und Gegeneinanderwirkens sinnlich-natürlicher und sittlich-freier Kräfte.

Anhang.

Vorbemerkung.

Wenn der Darstellung der Grundbegriffe und Hauptlehren der Nationalökonomie drei Lesestücke angehängt werden, so liegt die Begründung der Zweckmäßigkeit und Nützlichkeit solchen Anhanges in des letzteren eigenem Inhalt.

Dieser Inhalt besteht aus drei Abhandlungen, deren erste die Wichtigkeit der nationalökonomischen Wissenschaft erörtert, während die zweite eine allgemeine Uebersicht über den Entwicklungsgang der Volkswirthschaft gewährt und die dritte den Einfluß der Arbeitstheilung auf die volkswirthschaftliche Entwicklung im Besonderen charakterisirt.

Es ist nun aber einleuchtend, daß — was zunächst die erste Abhandlung betrifft — Nichts geeigneter erscheint, die Liebe zum Studium einer Disciplin zu steigern und das Verständniß für solche zu fördern, als die in das Einzelne eingehende Darlegung ihrer hohen Wichtigkeit. Eine derartige Darlegung bildet den kürzesten Weg, auf welchem der Studirende aus dem engen Umkreise der Theorie auf das endlose Gebiet der Anwendbarkeit der nationalökonomischen Grundbegriffe und Hauptlehren hinübergeführt werden kann. Es gibt keinen passenderen Commentar zu einem Lehrsysteme, als den Nachweis seines Zusammenhanges mit der Praxis des täglichen Lebens.

Was sodann die zweite Abhandlung anbelangt, so kann darüber kein Zweifel bestehen, daß eine allgemeine Uebersicht über den Entwicklungsgang der Volkswirthschaft unumgänglich nothwendig ist, um es klar zu machen, daß die Summe der aufgestellten nationalökonomischen Grundbegriffe und Hauptlehren nur eine relative Giltigkeit besitzt, d. h. nur für ein bestimmtes Stadium der Geschichte der Volkswirthschaft den Anspruch auf Anerkennung und eine maßgebende Bedeutung hat. In unfertigeren und unvollkommeneren Zuständen wurde das ökonomische Dasein durch andere Auffassungen und Tendenzen geleitet.

Bekanntlich sind es die Socialisten und Communisten, welche bereits auch die Grundlagen des heutigen wirthschaftlichen Lebens als unhaltbar proclamiren und folgerichtig auch der nationalökomischen Wissenschaft der Gegenwart ein Volkswirthschaftssystem der Zukunft entgegenstellen. Was endlich die dritte der in den Anhang aufgenommenen Abhandlungen betrifft, so rechtfertigt sich die geschehene Aufnahme dadurch, daß gerade der Sanction des Princips der Arbeitstheilung die moderne Produktion ihre herrlichsten Siege verdankt. Eine Geschichte der Produktion ist dem eigensten Wesen nach eine Geschichte der Arbeitstheilung. Es bildet demgemäß eine Charakteristik des besonderen Einflusses der Arbeitstheilung auf die volkswirthschaftliche Entwicklung das natürliche Supplement zu einer allgemeinen Uebersicht über den Entwicklungsgang der Volkswirthschaft.

Wir sehen, die drei Abhandlungen stehen in einem innigen und organischen Zusammenhange mit einander, und in der That bilden sie in ihrer Gesammtheit als kleines nationalökonomisches Lesebuch einen zweckmäßigsten und nützlichsten Anhang zur Darstellung der Grundbegriffe und Hauptlehren der Nationalökonomie.

I.
Die Wichtigkeit der nationalökonomischen Wissenschaft.

Die hohe Wichtigkeit der nationalökonomischen Wissenschaft, als der Lehre von den Grundlagen, den Mitteln, den Gesetzen und den Zielpunkten des nationalen Wirthschaftslebens der Völker, wird uns vollkommen klar, wenn man die nachstehenden, übersichtlich geordneten Momente einigermaßen beachtet:

A. Leitet nur die Volkswirthschaftslehre zur Kenntniß der hohen Wichtigkeit des socialen Reichthums und des materiellen Wohlstands als nothwendiger Bedingung und Voraussetzung aller staatlichen Macht und Blüthe, aller Kultur und Civilisation, alles socialen und individuellen Fortschritts, aller nationalen und politischen Unabhängigkeit, Selbstständigkeit und Entwicklung. Durch diesen klaren Hinweis auf die enge Beziehung und Verkettung des nationalen Erwerbs- und Verkehrswesens mit allen übrigen höhern socialen und politischen Kulturinteressen, eröffnet sich uns also auch der Einblick in die menschheitliche Bedeutung der materiellen Volksinteressen, so wie sich auch hierin die Mittel zur ernsten und entschiedenen Bekämpfung und Widerlegung aller jener mitunter schweren Anklagen bieten, welche gegen die gesammte heutige Verfassung unserer Socialverhältnisse, ja selbst gegen den ganzen Entwicklungsgang der Civilisation und Kultur von manchen Seiten erhoben werden.

B. Weiset uns die Nationalökonomie insbesondere zur Beachtung der nationalen Vermögensproduktion und Consumtion in ihrer Einwirkung auf das gesammte geistige und materielle Volksleben, auf die Würdigung der hohen ethischen, socialen und kulturhistorischen Wichtigkeit der industriellen Arbeit und des ökonomischen Betriebes als Quelle ununterbrochenen Fortschrittes und steter Entwicklung, sowie auch auf die Anerkennung und richtige Beurtheilung jenes allseitigen und mächtigen Einflusses, den das ökonomische Treiben und Wirken der Völker auf die Verwirklichung der ethischen Idee des Staats- und Gesellschaftsganzen immer und überall ausübt.

C. Führt uns die Nationalökonomie durch die Erforschung und Darlegung der Grundlagen der Gesetze und der Resultate des ökonomischen Völkerlebens zu einem tieferen Verständniß und zur gründlichen Auffassung des gesammten Entwicklungsganges der Menschheit, schärft unsern Blick in der Betrachtung und Würdigung der Vorgänge der allgemeinen Völkerbewegung, und erschließt uns somit ein Gebiet der Erkenntniß, welches ohne diesen Wissenszweig nur eine endlose Reihe von unlösbaren Räthseln bilden würde. — Wie könnte man in der That ohne nationalökonomische Kenntnisse z. B. die Kriegs- und Eroberungszüge des Alterthums, die großen Weltkämpfe einzelner mächtiger Herrschervölker, den politisch-socialen Charakter der hellenischen und römischen Privat- und Staats-Einrichtungen, das Zeitalter des sinkenden Römerthums, die Bedeutung der Völkerwanderung, der Kreuzzüge, des Feudalismus, der Entstehung des Städtewesens, der Entdeckungsfahrten und Eroberungen im Anfange der neuen Zeit, den Charakter der Aristokratie und der Demokratie, die Tragweite des Plutokratismus und Pauperismus, die Ursachen, den Verlauf und die Tendenzen großer Staats-Umwälzungen der neueren Zeit, die Kämpfe und Krisen der Gegenwart richtig beurtheilen und begreifen?!

D. Bringt uns die Wissenschaft der Nationalökonomie zum Bewußtsein einerseits die weltgeschichtliche Bedeutung und Nothwendigkeit, andererseits die Heiligkeit und Unverletzlichkeit des Eigenthumsrechtes und der persönlichen Freiheit des Erbrechts und Familienhaushaltes, dieser Fundamental-Bedingungen aller socialen und politischen Menschen-Ordnung, und öffnet uns hiedurch zugleich die Einsicht in das Wesen, den Charakter und die Tendenz jener Weltbeglückungspläne und Projekte, wodurch irrthumsbefangene Ideologen oder anarchisch gesinnte Feinde der Gesellschaftsordnung alle großen und segensreichen Errungenschaften der menschheitlichen Kulturentwicklung und Civilisation vernichten, an der Stelle der Bildung, der Humanität und des sittlich-socialen Fortschritts, die Barbarei und die Rohheit setzen, die social-politische Weltordnung über den Haufen zu stoßen, und den fürchterlichsten Schwankungen einer allgemeinen Auflösung und Anarchie aller sittlichen, religiösen und gesellschaftlichen Bande entgegen zu führen bemüht sind.

E. Indem die Wissenschaft die Grundlagen und die Mittel der allgemeinen Volkswohlfahrt und des socialen Völkergedeihens aufzusuchen, sie zur Kenntniß und zur praktischen Geltung zu bringen bestrebt ist, fördert und erleichtert sie zugleich die Lösung aller großen und bedeutsamsten Probleme der menschlichen und staatlichen Gesellschaftsordnung, der Hebung der untern Volksklassen, der Organisation der ökonomischen Berufsstände, der Ausbildung der Association u. s. w., wird zu einem mächtigen Hebel in der Bewegung des allgemeinen Fortschritts, und bewirkt auch, daß sich die volle Beachtung und Aufmerksamkeit der Gesellschaftsglieder allen jenen Interessen und Fragen zugewendet, mit denen das Wohl und Wehe unserer gesammten Gegenwart und Zukunft in unlöslichem Zusammenhange steht, und bis auf die neueste Zeit herab leider nie klar und scharf genug ins Auge gefaßt und gewürdiget wurden.

F. Deckt die Nationalökonomie die Mängel und Schäden unserer socialen und ökonomischen Zustände auf, weiset die Einseitigkeit, ja Gefährlichkeit gewisser Tendenzen, Strebungen und Einrichtungen, welche inmitten der schweren Kämpfe und Bewegungen der neuen Zeit sich kund geben und wirksam zu erweisen begonnen, nach, liefert uns aber auch zugleich Mittel und Wege zur Heilung und Besserung der so vielfachen Gesellschaftsübel, welche an dem Mark des Volks- und Staatslebens zehren, und aller gedeihlichen Entfaltung und Blüthe der ökonomischen und socialen Kräfte hemmend entgegen treten. Insbesondere leitet die Nationalökonomie auch zur Einsicht, daß die Heilung und Linderung der Mißstände nicht blos allein von äußeren Mitteln, nicht blos und allein von einer vielleicht energischen Belebung der Industrie, von der Vermehrung der Gewerbs- und Verkehrsquellen, von einer scheinbaren Verbesserung der socialen Verhältnisse u. s. w. gehofft werden darf, sondern daß Alles dies, so wie auch alle erfolgreiche Bekämpfung und Ausrottung der gesellschaftlichen Schäden und Irrthümer neben und außer den erwähnten Mitteln auch die Förderung echter Moralität und Sittlichkeit, die Einbürgerung thätiger Menschenliebe und wahrer Humanität, die Ausbildung und Kräftigung eines starken, opferbereiten Bürgersinnes und Gemeingefühls, so wie auch die Ausbreitung und Verallgemeinung wahrer Geistesbildung und Aufklärung, und ein thätiges, vertrauungsvolles und harmonisches Zusammenwirken von Volk und Staat unumgänglich erfordert.

Eine aufmerksamere Beachtung des Wesens und der Aufgabe der Nationalökonomie wird ferner deren hohe Bedeutung für das gesammte Staats- und Volksleben auch im Folgenden erkenntlich machen.

G. Kräftigt und nährt diese Wissenschaft den Sinn für Recht und Gerechtigkeit, führt zur Erkenntniß der Gemeinschädlichkeit und Verwerflichkeit des Egoismus, so wie andererseits zur klaren Einsicht in den Charakter und die Wirkungen des Gemeinsinnes, welcher in Verbindung mit Fleiß und Arbeitsliebe, mit Muth und Geschicklichkeit, eine der unerschütterlichsten Grundlagen aller socialen und staatlichen Wohlfahrt bildet. Auch ist es eben die Nationalökonomie, welche weit entfernt, die Bedeutung der höheren sittlichen Güter und Kräfte zu verkennen oder zu mißachten, zur Ueberzeugung leitet, daß eben diejenigen Tugenden, welche als Grundlage und Fundament des ökonomischen Gedeihens und Fortschritts betrachtet werden müssen, als da sind: Mäßigkeit, Sparsamkeit, Arbeitsliebe, Sinn für Ordnung, Ausdauer, Charakterfestigkeit u. s. w. zugleich Quelle und Bedingung aller individuellen, socialen und staatlichen Entfaltung sind, und daß somit die eigensten unbedeutendsten Factoren des materiellen Fortschrittes auch Grundlage und Triebfeder der sittlichen und politischen Vervollkommnung bilden.

H. Wirft die Nationalökonomie ein helles Licht auf den Gliederbau und das ganze System der Socialordnung, auf die Bewegung und das reiche mannigfaltige Spiel der verschiedenartigsten socialen Thätigkeiten und Bestrebungen in derselben, und erhebt uns zugleich auf jene Höhe, von welcher aus man den großen riesigen Tummelplatz des ökonomischen Treibens und Schaffens mit klarem Auge zu überschauen, das Sinken und Steigen, die Blüthe und den Verfall der Völker vollständig zu begreifen, und jenes vielverschlungene Netz von ökonomischen Beziehungen und Verhältnissen der Menschheit, welches den Uneingeweihten nur als ein verworrenes Chaos menschlicher Triebe, Leidenschaften und Strebungen, als ein willkürliches zufälliges Agglomerat wirthschaftlicher Thätigkeitsäußerungen und Erscheinungen, als ein unverständlicher Wust von Widersprüchen und Gegensätzen erscheint, als ein harmonisch eng zusammenhängendes Ganzes, als einen reich gegliederten, lebensvollen und einheitlichen Organismus zu erkennen und zu würdigen vermag.

I. Aus dieser Wissenschaft schöpfen die Völker die Ueberzeugung, daß nicht Zufall oder blos physisch-günstige, geographische Verhältnisse mit Eroberung und Unterdrückung, nicht Feindseligkeit und Haß, sondern Fleiß und Arbeitsamkeit, Muth und Intelligenz, friedlicher Wettstreit und gegenseitige Achtung die Nationen zur Macht, Ansehen, Reichthum und Wohlstand verhilft, und Rau bemerkt mit Recht, daß die Ergebnisse der Nationalökonomie, auch dann, wenn man die Angelegenheiten des Menschengeschlechtes aus einem höheren sittlichen und weltbürgerlichen Gesichtspunkte überschaut, wahrhaft beruhigend und erfreulich genannt werden dürfen. Sie zeigen nämlich, daß der Wohlstand nur da seine bleibende Wohnstätte findet, wo Gerechtigkeit und gesetzliche Ordnung, bürgerliche Freiheit, Sicherheit und Bildung Wurzeln geschlagen haben. Sie geben, was insbesondere das Verhältniß der Staaten zu einander betrifft, die Ueberzeugung, daß der Wohlstand eines Volkes nicht durch Eroberungen, Erpressungen oder Schwächung der Betriebsamkeit anderer Völker, sondern nur durch den eigenen Kunstfleiß und den hierauf gegründeten ehrlichen, beiden Theilen nützlichen Tauschverkehr dauernd gefördert werden kann, daß man aufgehört hat, in der Blüthe anderer Staaten ein Hinderniß der eigenen Wohlfahrt zu erblicken, daß man schon hierin einen Antrieb findet, den völkerrechtlichen Beistand und die freundliche Annäherung zwischen den Staaten zu unterstützen.

Diese Bedeutung und Wichtigkeit der Nationalökonomie, auf deren Grundwahrheiten die Möglichkeit zur Lösung unserer meisten Socialprobleme beruht, und welche sich im Laufe einer kaum hundertjährigen Entwicklung unter der sorgsamen Pflege ausgezeichneter Denker und Gelehrten bereits zu einer unläugbar hervorragenden Stufe der Vervollkommnung erhoben hat, ist auch ersichtlich, wenn wir uns schließlich die Wirkungen derselben auf das theoretische und praktische Leben in der neueren Zeit zu vergegenwärtigen streben. Es wird sich in der That kaum bezweifeln lassen, daß die Wissenschaft der Volkswirthschaft trotz ihres verhältnißmäßig kurzen Bestehens uns bereits von so manchen schweren und gefährlichen Irrthümern befreit, manch' einge-

5*

wurzelte Vorurtheile siegreich zerstreut, vor Mißgriffen in der Behandlung der ökonomischen Angelegenheiten, sowie auch von der Anwendung falscher Mittel zur Heilung vorhandener Uebelstände bewahrt, und die Einbürgerung neuer vortheilhafter und segenbringender Einrichtungen, Maßregeln und Gesetze angebahnt. Die Nationalökonomie ist es namentlich, welche in neuester Zeit einer vielseitigeren und tieferen Auffassung und Würdigung des socialen und staatlichen Völkerlebens den Weg geebnet, die Unhaltbarkeit und Unvereinbarkeit mittelalterlicher Lebensformen und Institutionen mit den Formen und Forderungen einer geistig und social unvergleichlich reiferen Lebensstufe der Menschheit in der Gegenwart dargethan, die Fesseln des Erwerbs und des Verkehrs der freien Güterbewegung und Güterentwicklung gelöst, die Anerkennung menschlich-persönlicher und bürgerlicher Freiheit auf allen socialen Lebensgebieten vorbereitet, die Beherrschung und Dienstbarmachung der Natur gefördert, Menschen an Menschen, Staaten an Staaten enger geknüpft, die richtige Einsicht in das Wesen und die Bedingung des Volkshaushaltes, des so wichtigen Credit-, Bank- und Geldwesens angebahnt, die verschiedenartigsten Zweige und Gebiete des menschlichen Wissens und Forschens mit den schätzbarsten Aufklärungen bereichert, die Grundsätze einer gerechten, rationalen und wirksamen Einrichtung des Staatshaushaltwesens nachgewiesen, und überhaupt alles, was nur in socialer Beziehung die Nationen und Gemeinwesen auf der Bahn des Fortschritts, der Bildung, der Civilisation und allgemeinen Wohlfahrt zu erhalten, zu sichern und zu stützen vermag, mit unleugbarem Erfolge angestrebt und vorzubereiten gesucht *).

---

*) Die Wichtigkeit der nationalökonomischen Wissenschaft ist dargelegt nach dem bekannten trefflichen Werke von Julius Kautz: Theorie und Geschichte der Nationalökonomie. 3 Theile. 1858—1869.

II.
Ueberſicht über den Entwicklungsgang der Volkswirthſchaft.

Auf den erſten Blick erſcheint die Reihenfolge von wirthſchaftlichen Zuſtänden, welche die Geſchichte der Volkswirthſchaft bilden, als eine Verbindung von verſchiedenen Verhältniſſen, die aber weſentlich und auch in den Einzelnheiten von äußeren Umſtänden und Gewalten abhängen.

Betrachtet man dieſelbe aber von einem höheren Standpunkte, ſo ergreift ſie uns mit der Mächtigkeit ihres Lebens, und wird zu einem gewaltigen Ganzen, das wir als das organiſche Glied eines höheren Lebens zu verſtehen haben.

Die abſolute Grundlage des ganzen wirthſchaftlichen Lebens iſt der Gegenſatz zwiſchen dem Natürlichen und Perſönlichen, der ſich zur Einheit des Lebens erhebt, indem die Perſönlichkeit zuerſt von der Natur beſtimmt und überwältigt, das Natürliche durch ſeine freie That ſich unterwirft, und es zum Inhalt ſeines äußeren, und dadurch zum mittelbaren Inhalt ſeines inneren Lebens macht.

Die Geſchichte der Volkswirthſchaft iſt dieſer, durch alle Jahrtauſende ſich neu fortſetzende Kampf und Sieg der Perſönlichkeit über das Natürliche in ſeinem äußeren Daſein.

— Die Stadien dieſer Geſchichte ſind daher allerdings allgemeine Zuſtände, aber ſie haben zu ihrem Inhalt die Grundverhältniſſe jenes Kampfes beider Elemente, und zwar in ihrer Wirklichkeit gegeben durch Zuſtände der Volkswirthſchaft.

Dieſen Stadien entſprechen dann auch die Volksintereſſen; und nur auf dieſer Grundlage iſt das allgemeine Weſen der beſonderen Geſtaltung der Volksintereſſen, ſo wie der großen, dieſelbe zur Geltung bringenden Verwaltungsmaßregeln der Volkswirthſchaftspflege zu verſtehen.

Die erste Gestalt des wirthschaftlichen Lebens enthält den Zustand der Jäger-, Hirten- und Nomadenvölker, in welchem der Mensch noch ganz von der Natur abhängig ist, und nur zu ergreifen und zu verzehren versteht, was sie ihm bietet. Da aber die Natur, auf sich selbst angewiesen, nirgends den unendlichen Bedürfnissen des Menschen entspricht, so ist dieser Zustand ein Zustand der wirthschaftlichen Armuth und damit auch der wirthschaftlichen Zersplitterung. — Es gibt kein Gesammtleben, keinen wirthschaftlichen Gegensatz der Interessen und somit auch kein Gesammtinteresse. Einige Völker bleiben durch die Natur ihres Landes, das zu arm ist, um auch der angestrengtesten Arbeit einen Unterhalt zu gewähren, wie die Wüsten und Polarländer, andere durch den unerschöpflichen und selbstthätigen Reichthum ihres Bodens, der zu üppig ist, um zur Arbeit zu veranlassen, noch andere durch ihre eigene Volksthümlichkeit auf dieser Stufe stehen. Wir nennen diesen Zustand den volkswirthschaftlichen Naturzustand. Die Völker des volkswirthschaftlichen Naturzustandes werden unterworfen, wenn sie mit den weiter entwickelten in Berührung treten.

Die zweite Gestalt entsteht durch die Ansässigkeit. Hier zwingt die Regelmäßigkeit des Bedarfs auf die Regelmäßigkeit der Produktion zu sehen, und im Ackerbaue wird die produktive Kraft des Bodens selbst zum Gegenstand der Produktion. In diesem Zustande ist in der Begrenzung des Besitzes zugleich die Begrenzung der wirthschaftlichen Existenzmittel gegeben; eine Störung des Ersteren wird eine Störung, ein Verlust des Ersteren ein Verlust des Letzteren. Auf dieser Grundlage beruht daher das Gesammtinteresse und sein Inhalt; es geht dasselbe auf Ordnung und Sicherheit des Besitzes: es ist daher Regel, daß in der Periode der vorherrschenden Landwirthschaft die eigentliche Volkswirthschaftspflege fast ganz zurücktritt, während die Hauptthätigkeit der Gesammtheit sich dem Hauptinteresse derselben, der Rechtspflege und Rechtssicherheit zuwendet. Da aber Erwerb und Geltung hier fast ausschließlich auf der Größe des Besitzes beruhen, so geht das, diesem Zustande eigenthümliche Interesse vor allem auf die Vertheilung des Grundbesitzes, bei welchem wieder die einzelnen Klassen einander gegenüber stehen. Die Sonderinteressen erscheinen hier daher als der Gegensatz der Interessen der

großen und kleinen Besitzer, und beide wieder gegenüber den Nicht=
besitzenden. Das wirthschaftliche Verhalten derselben zu einander hat
hier meist eine geschichtliche Grundlage. Die Grundbesitzer sind die
Freien und Herren, die Nichtbesitzer die Unfreien und Abhängigen,
der Kampf beider Elemente ist ein gewaltiger; seine wahre Lösung
liegt aber nicht in jenen Elementen selbst, sondern in dem Auftreten
eines neuen Elements, des gewerblichen Besitzes, das neue Inter=
essen erzeugt.

Die dritte Gestalt ergibt sich, wo neben der Landwirthschaft
das Gewerbe entsteht. Das Gewerbe ist zunächst vorhanden in seinen
einzelnen Arten; die Gewinnsucht der Interessen erscheint deshalb im
Anfange stets in der Form der Gewerbsinteressen, und zwar
zunächst der einzelnen Gewerbe — Zunft und Innung, während die
Gesammtheit der Gewerbe sich erst dann zu einem Interesse ent=
wickelt, wenn sie örtlich und zwar innerhalb der Stadt in Gemein=
schaft tritt. So entsteht der Begriff und Inhalt des städtischen
Interesses, das stets die Gesammtheit der Punkte enthält, in wel=
chen die einzelnen Gewerbsinteressen, obwohl sonst selbstständig neben
einander stehend, unter einander eine Gemeinschaft bilden. Die städti=
schen Interessen stehen deshalb den ländlichen Interessen zur Seite,
oft ihnen gegenüber; sie bilden in der Gesammtheit ihrer Verhältnisse
das Volksinteresse dieser Epoche, das eben deshalb nicht als Einheit,
sondern als Vielheit örtlicher Gegensätze erscheint. Das ist der Cha=
rakter dieser Epoche.

Die vierte Gestalt kommt zur Erscheinung, wenn der Handel
selbstständig neben dem Gewerbe erscheint. Die Bedeutung des Han=
dels ist eine außerordentliche, nicht blos für die Entwicklung der
Werthverhältnisse, sondern ebenso sehr für diejenige des Interesses.
Während die Landwirthschaft an die Stelle des Gesammtinteresses das
Einzelrecht setzt, und das Gewerbe dasselbe in lauter bestimmte Ge=
staltungen je nach den Verhältnissen des Gewerbes auflöst, erzeugt
der Handel erst ein Gesammtinteresse aus den Beziehungen, in welche
durch ihn die Gewerbe und die Landwirthschaft zu einander treten.
So wie daher der Handel diese Gesammtbeziehungen bildet, erscheint
zugleich eine Vielheit von Interessen.

Die erste dieser Gruppen enthält diejenigen Interessen, welche ihrem Wesen nach allgemeiner sind, aber doch durch den Handel erst begrenzt und durch die Bedürfnisse des Handels zu einem Systeme von Instituten entwickelt werden, die, indem sie dem Handel dienen, zugleich dem Ganzen nützen. Das System ist wesentlich ausgedrückt in dem Systeme der Communicationsmittel, welches sich theils auf die Land-, theils auf die Seecommunication bezieht. Die Ausbildung dieses Systems geht daher auch Hand in Hand mit der Geschichte des Handels jedes Landes; während auf dem Gesammthandel die großen Handelsstraßen beruhen, erzeugt der kleine Verkehr die Nebenstraßen. Diese schließen sich wieder wesentlich an die Beschaffenheit des Landes, während die großen Handelsstraßen an die Lage des letzteren anknüpfen, und so entsteht durch den Einfluß des Handels das nationale Communicationssystem, das ein so wesentliches Element in dem gesammten Leben einer Nation bildet.

Das besondere Interesse des Handels dagegen entwickelt sich erst dann, wenn neben demselben zugleich die Industrie entsteht. Das wesentlichste Interesse der Industrie ist der Absatz, zuerst und zumeist der im eigenen Lande. Das wesentlichste Interesse des Handels dagegen ist der Verkehr mit den Produkten fremder Industrie. Die einheimische Industrie fordert daher, daß der Markt des eigenen Landes ihr selber erhalten werde. Und da dies nur durch Einschreiten der Staatsgewalt vermöge des Verbots fremder Waare, oder einer Vertheuerung derselben durch einen Eingangszoll geschehen kann, so geht das Sonderinteresse der Industrie dahin, entweder jenes Verbot zu erwirken oder doch einen hohen Eingangszoll hervor zu rufen. Die Gesammtheit von Maßregeln, welche jenes Verbot verwirklichen, bilden das Prohibitivsystem. Die Gesammtheit von Maßregeln, welche durch den Eingangszoll auf die Erhaltung des einheimischen Absatzes wirken, bilden das Schutzzollsystem. Das Sonderinteresse der Industrie fordert daher entweder das Prohibitiv- oder Schutzzollsystem.

Der Handel dagegen, der seinen Gewinn aus dem Verkehr mit fremden Produkten zieht, hat im Gegentheile das größte Interesse daran, daß dieser Verkehr nicht behindert, sondern vielmehr befördert werde. Er fordert demnach die vollkommen freie Zulassung aller fremden Waaren, und dies Interesse desselben, verwirklicht in der unbedingten Freiheit der Bewegung der Produkte zwischen den einzelnen Theilen desselben Landes, und dann zwischen den einzelnen Ländern überhaupt, bildet das System des Freihandels.

Beide entgegengesetzte Systeme streben nun darnach ihr Sonderinteresse als allgemeines Volksinteresse zur Geltung zu bringen. Das System des Schutzes auf Grundlage des Einflusses, den das Entstehen einheimischer Industrie auf die Entwicklung des Volksvermögens als Ganzes nach den bereits erwähnten Grundsätzen hat; das System des Freihandels vermöge der Anwendung des Grundsatzes, daß die Einzelwirthschaft ihre Interessen am besten gefördert sieht, wenn sie da kauft, wo es am billigsten, und da verkauft, wo es am theuersten ist, ohne Rücksicht auf die Verhältnisse des eigenen Landes.

Der Gegensatz dieser beiden großen Volksinteressen fällt nun stets in die Zeit, wo die Entwicklung des inneren Verkehrs die einheimische Industrie in die Lage setzt, den inneren Markt für sich gewinnen zu wollen. Das Entstehen des Schutzsystemes gehört deshalb stets der Epoche der inneren Entwicklung des Volkslebens an; aber so wie es sich ausbildet, tritt ihm das Freihandelssystem entgegen, das sich wieder an die Entwicklung des äußeren Verkehrs des Volkes anschließt. Der Kampf beider erscheint nun zunächst als ein Principienkampf; in der That aber ist er theils hervorgerufen und theils auch äußerlich gestaltet durch die Landesverhältnisse. Diese nämlich erzeugen, wie die Gestalt des Landes zeigt, in denjenigen Gebieten eines Landes, welche vermöge der Lage desselben sich zum Handel eignen, das Handelsgebiet. Das Handelsgebiet ist dann naturgemäß der Träger und Vertreter des Freihandels. Das Industriegebiet dagegen derjenige des Schutzzolles. Der Regel nach werden deshalb auf diese Grundlage die Küstengebiete die Freihändler, das Innere die Schutzzöllner in größerer Zahl enthalten.

Im Allgemeinen nun leuchtet es schon vermöge dieser Sätze ein, daß weder das Eine noch das Andere beider großen Interessen eine ausschließliche Berechtigung hat, sondern daß es vielmehr allein richtig ist, eine Verschmelzung beider je nach den gegebenen Verhältnissen des Landes und nach der Höhe der Entwicklung seiner eigenen Volksproduktion festzustellen. Das nun ist die Aufgabe der Verwaltung; und diese Aufgabe empfängt ihre Principien demnach theils aus den factischen Zuständen, theils aus den allgemeinen Grundsätzen der Volkswirthschaft. Die letzten aber fassen sich in dem Satze zusammen, daß alle Schutzmaßregeln des Staates in drei große Gruppen zerfallen. Die erste Gruppe enthält diejenigen Schutzmaßregeln, welche nur für ganz einzelne Zweige der Industrie, namentlich Erfindungen, gegeben werden, und daher nur für eine Zeit lang, für diese Zeit aber unbedingt gelten. Die zweite Gruppe enthält diejenigen, welche im Sinne des Interesses der Industrie hervorgerufen, aber im Sinne des Interesses des Handels, nachdem ihre Wirkung vollzogen ist, allmälig und nach bestimmten Regeln wieder aufgehoben werden. Die dritte Gruppe endlich besteht in denen, welche einen dauernden, aber geringen Schutz für gewisse Zweige der Industrie geben. So treten Handel und Industrie mit ihren beiderseitigen Interessen zur Harmonie zusammen.

Die fünfte Gestalt ist endlich diejenige, welche aus der Entwicklung des Geld- und Creditwesens hervorgeht. Geld- und Creditgeschäfte haben kein Sonderinteresse an irgend einem einzelnen Theile der Industrie oder des Handels. Sie fordern dagegen die feste Ordnung derjenigen Verhältnisse, auf denen die Verkehrsbewegung beruht, des Maßes und Gewichtes, des Münzsystems und des Geldsystems. Dadurch stehen sie mit keinem Sonderinteresse im Gegensatz, aber sie stehen auch keinem Sonderinteresse direct zur Seite. Sie bilden daher das Gebiet, in welchem alle Interessen sich am wenigsten berühren, und bereiten damit, je weiter sie selbst entwickelt sind, um so mehr die Verschmelzung aller vor.

Dies nun sind, ihrem Charakter und ihrer Grundlage nach, die Grundformen der Volksinteressen. Da nun aber keine folgende Entwicklung die vorhergehende ganz auflöst, sondern sie mit ihren wirthschaftlichen Bedingungen vielmehr in sich aufnimmt, so ergibt sich, daß das, was wir das Volksinteresse im Allgemeinen nennen, eben ein **gleichzeitiges Dasein** und ein **gegenseitiges beständiges Bestimmtwerden** aller dieser einzelnen Interessen durch einander ist. Gerade in diesem gegenseitigen Drängen und Ringen dieser einzelnen großen Interessen unter einander besteht aber das **innere Leben** der Volkswirthschaft. Sie sind es, welche durch den Gegensatz, den sie zu bewältigen streben, zugleich das volkswirthschaftliche Bewußtsein wach rufen, und mit seinem bestimmten Inhalt erfüllen. Und diese Gemeinsamkeit des gegenseitigen Bewußtseins, die zunächst im eigentlichen wirthschaftlichen Leben liegt, wird nun zu einem Elemente des Staatslebens, indem es sich selber ein Organ schafft, das seinerseits in die wirthschaftliche Verwaltung des Staates anregend, helfend und zum Theil auch selbstthätig wirkend eingreift. *)

*) In der allgemeinen Uebersicht über den Entwicklungsgang der Volkswirthschaft haben wir uns den Ausführungen des scharfsinnigen Oekonomisten Stein in dessen Lehrbuch der Volkswirthschaft (1858) angeschlossen.

III.

Der Einfluß der Arbeitstheilung auf die volkswirthschaftliche Entwicklung im Besonderen.

Der größte Fortschritt in den erzeugenden Kräften der Arbeit und zum großen Theil auch der Geschicklichkeit, Fertigkeit und Einsicht in ihrer Anwendung scheint eine Folge der Theilung der Arbeit gewesen zu sein.

Diese Folgen der Arbeitstheilung für die Thätigkeit der Gesammtheit im Allgemeinen werden sich leichter begreifen, wenn man sieht, in welcher Art dieselbe bei einzelnen Fabrikationen in Anwendung kommt. Gewöhnlich wird angenommen, daß sie bei einigen sehr unbedeutenden am weitesten durchgeführt sei, nicht etwa, als ob sie bei ihnen wirklich weiter gehe, als bei anderen, wichtigeren, sondern bei den unbedeutenden Fabrikationszweigen, welche die kleinen Bedürfnisse einer kleinen Zahl von Menschen befriedigen sollen, ist auch die Gesammtzahl der Arbeiter nothwendig eine kleine, so daß alle, die in den verschiedenen Zweigen thätig sind, oft in demselben Gebäude Raum finden, und mit einem Blicke übersehen werden können. In jenen großen Industrieen dagegen, welche für die umfänglichen Bedürfnisse der Masse des Volkes zu sorgen bestimmt sind, beschäftigt ein jeder einzelne Zweig eine so große Zahl von Arbeitern, daß es unmöglich ist, sie alle in demselben Gebäude unter zu bringen, und man mithin zur Zeit, immer nur die in einem einzelnen Zweige Thätigen zu übersehen vermag. Obgleich nun bei solchen Industrieen die Arbeit in der That weit vielfältiger vertheilt sein kann, als bei den kleineren, so liegt die Theilung doch weit weniger vor Augen und wird deshalb auch nicht so sehr bemerkt. Nehmen wir z. B. eine recht kleinliche Fabrikation, bei der man aber die Arbeitstheilung oft hervorgehoben hat: die von Stecknadeln. Ein Arbeiter, der zu diesem Geschäft, welches durch die Theilung der Arbeit zu einem besonderen Gewerbe geworden, nicht erzogen ist, und der die dazu gebrauchten Maschinen nicht kennt, deren Erfindung vermuthlich durch eben diese Arbeitstheilung herbeigeführt wurde, ein solcher Arbeiter würde vielleicht mit dem größten Fleiße kaum eine, gewiß aber nicht 20 Nadeln in einem Tage fertigen. Bei der jetzigen Betriebsweise dagegen ist nicht nur das Geschäft ein abgesondertes Gewerbe, sondern dieses hat wieder seine einzelnen Zweige, von denen die meisten wiederum gesonderte Gewerbe bilden. Einer zieht den Draht, ein Zweiter macht ihn gerade, ein Dritter schneidet ihn ab, ein Vierter spitzt ihn, ein Fünfter schleift ihn am anderen Ende, um den Knopf aufsetzen zu können; zur Fertigung des Knopfes sind zwei oder drei verschiedene Operationen nöthig: das Aufsetzen ist wiederum eine Aufgabe für sich, und das Putzen der Nadeln ein anderes, ja selbst das Einmachen in Papiere ist eine eigene Arbeit, und so zerfällt das nichtige Geschäft eine Stecknadel zu fertigen, in ungefähr 18 verschiedene Operationen, wozu in manchen Fabriken ebenso viele verschiedene Arbeiter angestellt sind, obgleich in anderen wohl ein Einzelner zwei oder drei derselben vornimmt. So habe ich eine kleine Fabrik derart gesehen, wo nur zehn Arbeiter angestellt waren; es waren sehr arme Leute, mit nur sehr mittelmäßigen Werkzeugen versehen; dennoch konnten sie, wenn sie fleißig waren, zusammen ungefähr 12 Pfund Stecknadeln im Tage fertigen. Nun enthält ein Pfund etwa 4000 Stecknadeln von mittlerer Größe; zusammen fertigten jene 10 Personen also 48,000 Stecknadeln, man könnte sagen, daß jeder einzelne deren 4800 in einem Tage macht. Hätten sie aber vereinzelt und selbstständig gearbeitet, so würden sie gewiß nicht $1/240$, vielleicht nicht $1/4800$ dessen zu Stande gebracht haben, was sie jetzt in Folge einer geeigneten Theilung und Combinirung ihrer Arbeiten zu liefern vermögen.

Aehnlich wie bei dieser unbedeutenden Fabrikation sind nun die Folgen der Theilung der Arbeit bei einer jeden anderen; und wenn sie auch nicht überall so weit durchgeführt und auf eine so äußerst einfache Thätigkeit reducirt werden kann, so veranlaßt sie doch immer in dem Maße, wie sie stattfindet, eine entsprechende Erhöhung in der erzeugenden Kraft der Arbeit. Der Nutzen, der daraus hervorging, scheint es auch gewesen zu sein, was wiederum eine Sonderung mancher Beschäftigungen in einzelne Gewerbe herbeiführte, und diese Sonderung findet sich in der Regel in denjenigen Ländern am weitesten durchgeführt, wo der Gewerbefleiß die größten Fortschritte gemacht hat, so, daß hier in der Regel dasselbe Geschäft unter Mehrere vertheilt erscheint, das in einem roheren Zustande der Gesellschaft Arbeit eines Einzelnen ist. In einem entwickelten Staate ist ein Landmann gewöhnlich nur Landmann, ein Fabrikant gewöhnlich nur Fabrikant, und selbst die Arbeit, welche zur vollendeten Herstellung eines Fabrikates erfordert wird, ist fast immer unter eine größere Zahl von Händen vertheilt. Wie vielerlei verschiedene Gewerbe sind nicht in der Verfertigung von Leinen- und Wollwaaren thätig, vom Flachsbauer und Schafzüchter bis zum Bleicher und Glätter der Leinwand, oder bis zum Färber und Tuchbereiter! Das Wesen der Landwirthschaft läßt allerdings nicht so viele Unterabtheilungen der Arbeit und eine so vollständige Trennung der einzelnen Zweige zu, wie die Fabrikation oder das Handwerk. Man kann den Betrieb eines Viehzüchters nicht so von dem eines Getreidebauers absondern, wie das Handwerk eines Schmiedes gewöhnlich von dem eines Zimmermanns getrennt ist. Der Spinner und der Weber sind fast immer zwei gesonderte Personen; dagegen der Pflüger, der Egger, der Säemann und der Schnitter sehr oft eine und dieselbe. Da diese verschiedenen Arbeiten in den verschiedenen Jahreszeiten auf einander folgen, so ist es nicht möglich, daß Einer fortwährend dadurch beschäftigt werde; und in dieser Unmöglichkeit einer vollständigen Trennung der einzelnen Arbeiten in der Landwirthschaft liegt vielleicht der Grund, weshalb die Fortschritte in derselben denen der Fabrikation nicht gleich kommt. Die wohlhabendsten Völker übertreffen allerdings die anderen im Allgemeinen ebenso sehr in der Landwirthschaft, wie im Fabrikwesen; gewöhnlich aber zeichnen sie sich mehr in dem Letzteren als in der Ersteren aus. Ihr Boden ist im Ganzen besser angebaut, und bei der größeren Verwendung von Arbeit und Capital ist auch der Ertrag im Verhältniß zur Bodenfläche und Fruchtbarkeit ein größerer. Dagegen ist der Ertrag selten größer als eben im Verhältniß zu dem größeren Aufwande von Arbeit und Auslagen. Beim Landbau ist die Arbeit des reicheren Landes nicht immer einträglicher, als die des ärmeren, wenigstens nie in dem

Verhältniß, wie bei der Fabrikation. Das Getreide des reichen Landes wird deshalb, bei derselben Güte, nicht immer wohlfeiler zu haben sein, als das des armen; polnisches Getreide von gleicher Güte wie französisches ist ebenso billig wie letzteres, obgleich Frankreich so viel reicher und weiter fortgeschritten ist, als Polen. Das französische Getreide ist wiederum in den Kornprovinzen völlig so gut und in den meisten Jahren von demselben Preise wie das englische, obgleich Frankreich im Reichthum und in seiner Entwicklung England nachsteht; aber die Getreideländereien in England sind besser angebaut als die in Frankreich, und die im letzteren Lande sollen es wieder viel besser sein, als die in Polen. Wenn jedoch das dürftigere Land trotz seiner minder vollkommenen Kultur, dem reicheren hinsichtlich der Wohlfeilheit und Güte seines Getreides sich einigermaßen gleichzustellen vermag, so kann es dasselbe doch nicht in der Fabrikation thun, wenigstens nicht, sobald diese Fabrikation dem Boden, Klima und Zustande des reicheren Landes angemessen ist. Die französischen Seidenwaaren sind besser und billiger als die englischen, weil die Seidenfabrikation, wenigstens bei dem jetzigen hohen Eingangszoll auf rohe Seide für das englische Klima nicht so gut paßt, wie für das französische; wogegen die kurzen Waaren und die groben Wollenzeuge Englands unvergleichlich viel besser, in demselben Verhältniß billger sind, als die französischen. In Polen sollen sich überhaupt keine Fabriken finden, als etwa nur für solche gröbere Hausstand=Geräthe, die in keinem Lande wohl zu entbehren sind.

Diese bedeutend größere Produktion nun, welche dieselbe Anzahl von Personen mittelst Theilung der Arbeit zu liefern vermag, hat ihren Grund in drei verschiedenen Umständen: 1. in der Vervollkommnung eines jeden einzelnen Arbeiters; 2. in der Ersparniß der Zeit, die sonst beim Uebergange von einer Arbeit zur anderen verloren geht; und endlich 3. in der Erfindung so vieler Maschinen, welche die Arbeit erleichtern und abkürzen, und den Einzelnen in den Stand setzen, die Arbeit Vieler zu verrichten.

Was nun zuerst die größere Geschicklichkeit des Arbeiters betrifft, so befähigt ihn diese unstreitig, mehr fertige Waare zu liefern; die Theilung der Arbeit aber, welche die Thätigkeit eines jeden vereinfacht und diese zu seiner ausschließlichen Beschäftigung macht, erhöht noth=

wendig die Gewandtheit des Arbeiters bedeutend. Wenn ein gewöhnlicher Schmied, der allerdings mit dem Hammer umzugehen weiß, aber nicht gewöhnt ist, Nägel zu machen, gelegentlich in den Fall kommt, welche machen zu müssen, so soll er, wie man mich versichert, kaum im Stande sein, deren mehr als 2 bis 300 im Tage zu fertigen, die noch dazu sehr schlecht ausfallen. Ein Schmied, der wohl Nägel zu machen pflegt, der aber nicht ausschließlich Nagelschmied ist, kann mit der größten Anstrengung selten mehr als 800 bis 1000 im Tage liefern; wogegen ich Burschen unter zwanzig Jahren gesehen habe, die nie etwas anderes getrieben hatten, und deren jeder bei einigem Fleiße über 2300 Nägel per Tag fertigen konnte. Dennoch gehört die Herstellung eines Nagels keineswegs zu den einfachsten Arbeiten. Dieselbe Person bewegt den Blasebalg, schürt oder verstärkt das Feuer, erhitzt das Eisen, und schmiedet jeden Theil des Nagels, wobei die Fertigung des Knopfes einen Wechsel der Werkzeuge nöthig macht. Bei der Fertigung einer Stecknadel oder eines metallenen Knopfes sind die einzelnen Arbeiten, in welche sie zerfällt, weit einfacher, so daß derjenige, der sich ausschließlich damit beschäftigt, weit größere Fertigkeit darin zu erlangen pflegt. Die Schnelligkeit, mit welcher einige dieser Arbeiten verrichtet werden, übersteigt in ihren Leistungen oft Alles, was diejenigen, die sie nicht gesehen haben, für möglich halten.

Was nun zweitens den Vortheil in Ersparniß an Zeit betrifft, die gewöhnlich beim Uebergang von einer Arbeit zur anderen verloren geht, so ist derselbe weit bedeutender, als man auf den ersten Blick glauben sollte. Es ist unmöglich, schnell von einer Beschäftigung zu einer anderen überzugehen, die an einem anderen Platz und mit ganz verschiedenen Werkzeugen betrieben wird. Ein Weber auf dem Lande, der zugleich Ackerbauer ist, muß sehr viel Zeit verlieren, wenn er vom Webestuhl auf das Feld, und vom Felde zum Webestuhl übergeht. Können zwei Gewerbe in demselben Gebäude betrieben werden, so ist der Zeitverlust allerdings viel geringer, aber selbst in diesem Falle sehr beträchtlich. Ein wenig tändelt jeder inzwischen, ehe er die Hand an eine neue Arbeit legt, und beim Beginn mit derselben ist er selten recht ernst und kräftig, sein Herz ist, wie man sagt, nicht dabei, und eine Weile spielt er mehr, als daß er etwas Rechtes schafft. Bei einem

Arbeiter auf dem Lande nun, der mit seiner Arbeit und seinen Ge=
räthschaften jede halbe Stunde wechseln, und fast täglich zwanzig
verschiedene Dinge thun muß, wird jenes Tändeln und lahme Arbeiten
zur Gewohnheit, so daß er fast immer faul und träge und selbst dann
zu keiner ernsten Anstrengung fähig ist, wo es noch so sehr darauf
ankommt. Abgesehen also von jedem Mangel an Gewandtheit, bleibt
aus diesem Grunde allein die Menge der Arbeit, die er zu liefern
vermöchte, eine beschränkte.

Drittens endlich wird ein Jeder leicht einsehen, wie sehr die
Arbeit durch die Anwendung geeigneter Maschinen erleichtert und ab=
gekürzt wird. Beispiele hier sind unnöthig, und ich bemerke deshalb
nur noch, daß die Erfindung aller jener Maschinen, welche die Arbeit
so sehr erleichtern und abkürzen, ursprünglich, wie es scheint, der
Theilung der Arbeit zu verdanken sei. Der Mensch entdeckt in der
Regel leichter und einfacher Methoden zur Erreichung seines Zweckes,
wenn sein Sinn ganz auf diesen einzelnen Gegenstand gerichtet ist,
als wenn er durch eine Menge verschiedener Dinge zerstreut wird;
bei einer Theilung der Arbeit aber vereinfacht sich der Gegenstand
von selbst, der die Aufmerksamkeit in Anspruch nimmt. Es läßt sich
mithin denken, daß Einer oder der Andere, der sich dergestalt mit
einem einzelnen Arbeitszweige beschäftigt, leicht eine bequemere und
einfachere Methode dafür ausfindig machen wird, wo die Art des
Geschäftes es zuläßt. Viele Maschinen in den Fabriken, wo die Arbeit
am meisten sich zertheilt, waren ursprünglich Erfindungen gewöhnlicher
Arbeiter, die eben auf dem angedeuteten Wege darauf hingeleitet
wurden. Bei den ersten Feuerspritzen war in der Regel ein Bursche
angestellt, um die Verbindung zwischen dem Kessel und dem Cylinder
zu öffnen oder zu schließen, je nachdem der Piston auf= oder nieder=
stieg. Ein solcher Bursche, der gern mit seinem Gefährten spielte,
bemerkte, daß wenn er die Klappe durch einen Strick mit einem
anderen Theile der Maschine verband, dieselbe sich ohne sein Zuthun
öffnen und schließen würde, so daß er inzwischen ungestört mit seinem
Kameraden spielen könne. So verdankt man eine der größten Ver=
besserungen in dieser Art von Maschinen einem Knaben, der sich eine
Arbeit ersparen wollte.

Indessen rühren keineswegs alle Verbesserungen im Maschinen=

wesen von denjenigen her, die bei der Arbeit angestellt waren. Viele verdankt man dem Scharfsinn der Maschinenbauer selbst, als hieraus ein eigenes Geschäft sich gebildet hatte; andere denjenigen, die man Philosophen zu nennen pflegt, die sich nicht mit der Fertigung eines besonderen Gegenstandes, wohl aber mit der Beobachtung aller be schäftigen, und die deshalb oft im Stande sind, die Kräfte der verschiedenartigsten und sich am fernsten stehenden Gegenstände zu combiniren. Bei der Entwicklung eines Volkes wird Philosophie oder Speculation, wie jede andere Thätigkeit, die hauptsächliche oder alleinige Beschäftigung einer besonderen Klasse seiner Mitglieder; wie jedes andere Geschäft zerfällt sie in eine große Zahl verschiedener Fächer, deren jedes die Thätigkeit einer besonderen Klasse von Philosophen in Anspruch nimmt, und bei der Philosophie wie bei jedem anderen Geschäft führt diese Theilung zur größeren Fertigkeit und Zeitersparniß. Jeder Einzelne wird geschickter in seinem besonderen Fache, es wird mehr Arbeit im Ganzen geschafft, und die Wissensmenge wird wesentlich dadurch vergrößert.

Die als Folge der Theilung der Arbeit entgegen getretene große Vervielfältigung der Erzeugnisse aller Künste und Gewerbe ist es, die in einem wohl regierten Staate jenen allgemeinen, bis auf die niedrigsten Volksklassen sich erstreckenden Wohlstand hervorbringt. Ein jeder Arbeiter hat über weit mehr Erzeugnisse zu verfügen, als seine eigenen Bedürfnisse erfordern, und da ein jeder sich in derselben Lage befindet, so kann er eine große Menge seiner eigenen Erzeugnisse gegen eine große Menge, oder, was auf dasselbe hinaus läuft, gegen den Preis einer großen Menge Erzeugnisse des anderen umsetzen. Wie er andere reichlich mit dem, dessen sie bedürfen, versorgt, so versorgen andere ihn in gleicher Weise, und es verbreitet sich allgemeine Fülle durch alle Theile der Gesellschaft. Man betrachte nur die Einrichtung des gewöhnlichsten Handwerkers oder Taglöhners in einem civilisirten und wohlgeordneten Lande, so wird man sehen, daß die Arbeiterzahl, welche erforderlich war, ihm nur einen geringen Theil derselben zu bereiten, alle Berechnung übersteigt. Der wollene Rock z. B. der den Taglöhner deckt, mag noch so grob und schlicht sein, so ist er doch das Erzeugniß der vereinten Arbeit Vieler. Der Schäfer, der Wollsortirer, der Wollkämmer, der Färber, der Kratzer, der Spinner, der

Weber, der Walker, der Zurichter müssen nebst vielen anderen ihre Thätigkeit vereinen, um nur ein so geringes Produkt zu liefern. Wie viele Kaufleute und Frachtführer waren außerdem beschäftigt, um die Stoffe von einem Arbeiter zu einem anderen, der oft in einem ganz fernen Theile des Landes lebt, zu fördern! Wie viele Handels= und Schifffahrts=Unternehmungen, wie viele Schiffbauer, Segelmacher, Rebschläger, Matrosen u. s. w. bedurfte es, um nur die Farbestoffe herbei zu schaffen, die oft aus den entlegensten Welttheilen herkommen. Welche mannigfaltige Thätigkeit ist außerdem erforderlich, um die Werkzeuge zu den geringsten dieser Arbeiten zu fertigen, ganz abgesehen von solchen künstlichen Maschinen, wie ein Seeschiff, eine Walkmühle, ein Webstuhl, erwäge man nur, wie vielerlei Arbeit erfordert wird, um jene sehr einfache Maschine, die Scheere des Schäfers, herzustellen. Der Bergmann, der Erbauer des Schmelzofens, der Holzhacker, der Kohlenbrenner, der Ziegelbrenner, der Maurer, der Heizer am Schmelzofen, der Mühlenbauer, der Schmied müssen sämmtlich mitwirken. Wollten wir in ähnlicher Weise alle Theile seiner Kleidung und häuslichen Einrichtung durchmustern, das grobe leinene Hemd, das er zunächst auf der Haut trägt, die Schuhe, welche seine Füße bedecken, das Bett, auf welchem er liegt, und die einzelnen Stücke, die es bilden, den Kochherd, auf dem er sein Mahl bereitet, die Kohlen, die er dabei verbrennt, die tief aus der Erde gegraben, und vielleicht erst weit über See und Land bis zu ihm gelangt sind, sein übriges Küchengeräthe, das Geschirr auf seinem Tisch, die Messer und Gabeln, die irdenen oder zinnernen Schüsseln, sein Brod und Bier, das Glasfenster, welches Licht und Wärme einläßt, und Wind und Regen abhält, sammt aller Wissenschaft und Kunst, denen es zu dieser schönen und nützlichen Erfindung bedurfte, ohne welche in unserem Norden eine recht behagliche Wohnung kaum denkbar ist, sammt allen Werkzeugen, die dabei in Bewegung gesetzt werden mußten, — erwägen wir, sage ich, alle diese Dinge und welche mannigfaltige Arbeit ein jedes derselben erforderte, so werden wir einsehen, daß selbst der geringste Bewohner eines civilisirten Landes nicht ohne die Hilfe und das Zusammenwirken vieler Tausende mit demjenigen versehen werden kann, was uns irrthümlicher Weise als eine so leichte und einfache Einrichtung erscheint. Im Vergleich allerdings zu dem Luxus der Großen mag sie äußerst einfach und leicht erscheinen, und doch mag die eines europäischen Fürsten nicht in dem Maße die eines fleißigen und sparsamen Landmannes übertreffen, wie die Einrichtung dieses letzteren die manches afrikanischen Königs, des unumschränkten Gebieters über das Leben und die Freiheit von zehntausend nackter Wilden *).

---

*) Den besonderen Einfluß der Arbeitstheilung auf die volkswirthschaftliche Entwicklung haben wir nach dem einschlägigen Kapitel Adam Smith's „Quellen des Volkswohlstandes" charakterisirt.